인생 밸런스

움직이는
서재

과거와 현재와
미래를 연결시키는
지식 창고

책과 함께 있다면 그곳이 어디이든 서재입니다.
집에서든, 지하철에서든, 카페에서든 좋은 책 한 권이 있다면 독자는 자신만의 서재를 꾸려서 지식의
탐험을 떠날 수 있습니다. 좋은 책이란, 시대와 세대를 초월해 지식과 감동을 대물림하고, 다양한 연
령들의 소통을 가능케 하는 힘이 있습니다. 움직이는 서재는 공간의 한계, 시간의 장벽을 넘어선 독서
탐험의 동반자가 되겠습니다.

《半半哲学：活出人生的逍遥境》
作者：李清子

내 삶에 균형추를 달다

인생 밸런스

리칭쯔 지음 | 김미경 옮김

움직이는
서재

《중용》의 지혜를
캐주얼하게 재해석하다.

"인생에서 뜻대로
되는 일이
얼마나 있으랴.
세상만사
반半만 되어도
흡족하리니."

**"인생은
있음 반 없음 반이고,
괴로움 반 즐거움 반이요,
영광 반 좌절 반이며,
원인 반 결과 반이다"**

흑黑이 없으면 백白도 없고, 미움이 없으면 사랑도 없다.

괴로움을 모르면 즐거움도 알 수 없고, 좌절을 모르면 영광도 알 수 없다.

살다 보면 괴롭기도 하고 즐겁기도 하며 영광스러울 때도 있고

좌절하는 날도 있다. 인생을 아우르는 이 반반半半의 항목들은

사람이기에 누릴 수 있는 축복이자 사람이기에 짊어져야 할 운명이다.

차례

2
얻은 것과 잃은 것이 반반이니
내게 반은 늘 남아있다

왜 최선은 언제나 100이어야 하나?

차로 유명한 중국 윈난雲南성의 다리大理라는,
바이족白族 거주 지역에 삼도차三道茶라는
독특한 맛의 차가 있다.
처음엔 쓰고 두 번째엔 달며 세 번째엔 담백하니,
인생의 3단계 맛을 상징한다 하여 삼도차라 불리운다.
그런데 이 삼도차처럼,
누구나 쓰고, 달고, 담백한 3단계 맛을
순차적으로 볼 수 있다면야 인생 그거 공평하다 하겠다.

그런데 이리저리 둘러봐도 아닌 듯싶다.

인생의 맛은

순차적인 것도

공평한 것도 아니다.

꿈을 이루기 위해, 또는 먹고 살기 위해 분투해야 하는

요즘 사람들의 삶이

칼끝으로 운명을 결정하는 춘추전국시대의 삶과

뭐가 다를까?

과학기술은 눈부시게 발전했으나

불안을 끼고 사는 삶의 패턴에

우리는 살만하다 말할 수 있을까?

모든 것을 바쳐 돈을 움켜쥐는 삶을 원하지만

그럴 기회조차 공평하게 허락되는 것은 아니다.

이렇게 행복할 일이 자꾸 줄어들지만,

어쩌겠는가,

한 번 태어난 이상 최선의 삶을 살다 가야 하지 않겠나?

왜 최선은 언제나
100이어야 하나?
어차피 인생이
공평한 맛의 배합이
될 수 없는 거라면,
우리는 왜
100을 목표로 하고
사는 걸까?

나는 그 '최선'에 대해 다르게 생각해 보기로 했다.

왜 최선은 언제나 100이어야 하나?

어차피 인생이 공평한 맛의 배합이 될 수 없는 거라면,

우리는 왜 100을 목표로 하고 사는 걸까?

우리는 왜 자신의 100을 모두 쏟아부으면,

100이 돌아올 것이라 생각하는 걸까?

옛날 사람들은 이미 알고 있었다.

세상의 불완전함과 함께

우리가 꿈꾸는 100짜리 인생은 없다는 것을.

100짜리 사랑, 100짜리 관계, 100짜리 믿음,

100짜리 성공도 없다는 것을.

그럼에도 불구하고 우리는

어리석을 만큼 100짜리 인생을

꿈꾸며 살기에

삶이 점점 무거워질 수밖에 없다.

반 세월 한없이 유유자적
반 세월 천지에 바삐 살았네

반 도회 반 시골에 기거하고
반 산 반 물에 살았네

반 경작 반 학업 종사하고
반 선비 반 농사꾼으로 살았네

반 우아한 반 투박한 가구 두고
반 화려한 반 소박한 작은 방 있네

반 검소한 반 고운 이불 옷 덮고
반 풍성한 반 검박한 음식 먹네

반 총명한 반 우둔한 동복 두고
반 순박한 반 어진 처 있네

반 부처 반 신선 같은 마음
반 은폐한 반 공개한 이름

반 몸 천지로 돌아가고
반 몸 인간 세상에 남네

술은 반만 취해야 좋고
꽃은 반만 피어야 아리땁네

돛은 반만 올려야 전복 피하고
말고삐 반만 늦춰야 안전하네

반보다 적으면 살맛 나고
반보다 많으면 번거롭네

-
청나라 시인이자 학자인 이밀암李密庵의
반반가半半歌 중에서

행복은 두 가지 조건으로 결정된다.

반은 외적 환경이고 반은 내적 마음이다.

따라서, 아무리 벼랑 끝에 서 있거나

아무리 막막해 보이는 삶 한복판에서라도

절망하지만 않는다면

꿈과 희망을 찾아낼 수 있음에 대해

동서고금 많은 이가 꾸준히 증명해 왔다.

그런데 문제는 막막한 삶에 맞닥뜨렸을 때

어떤 식으로

꿈과 희망을 찾아낼 것이냐에 대한 방법론이다.

나는 감히 '반반'의 삶을 제안한다.

'반반'의 삶이란, 100이 아닌 50을 목표로 하는 삶이다.

내 손에 있는 것이 모두 다 내 것 같이 보여도,

내 것이 50이고,

내 것 아닌 것이 50이라는 개념이다.

나아가는 것과 물러서는 것이 반반이고,

얻는 것과 잃는 것이 반반임을 알 때,

방황하지 않고 나를 지켜내는

내가 사는 세상이
흔들리고 기울 때나,
살면서 인생이
내 뜻대로 되지 않는다는 걸
알아갈 때
'반반'의 삶은
'어떻게 살 것인가?'에 대한
해답이 될 수 있다.

균형추로 삼을 수 있다.
내가 사는 세상이 흔들리고 기울 때나,
살면서 인생이 내 뜻대로 되지 않는다는 걸
알아갈 때 '반반'의 삶은
'어떻게 살 것인가?'에 대한 해답이 될 수 있다.

우리가 날씨를 바꿀 수는 없다.
하지만 뜨거운 태양 아래서 춤을 출지,
비를 맞으며 싱인 인 더 레인(Singin' in the Rain)을 부를지,
선택할 수는 있다.
우리가 주어진 환경을 바꿀 수는 없다.
하지만 시끄러운 곳에서 책을 읽을지,
조용한 곳에서 춤을 출지는 선택할 수 있다.
우리가 다른 사람을 통제할 수는 없다.
하지만 그들에게서 긍정적인 영향을 받을지,
부정적인 암시를 얻을지, 선택할 수는 있다.

무엇이 우리의 인생을 송두리째 바꿀 수는 없지만
매순간의 자세가 다음 상황을 바꿀 수는 있다.

그러기에
'반반'을 추구하는 삶은
당신이 지금 잘 나가면 잘 나가는 대로,
힘들면 힘든 대로,
당신에게 격려와 위안이 되어줄 것이다.

이 불완전한 세상에서
100짜리 완벽한 인생은 존재할 수 없기에.

1

인생의
절반이
나아간다면
절반은
물러서야 한다

인생은 길다.
하지만 우리가 그 긴 시간 속에서
늘 발전하고 성장하는 것만은 아니다.
인생이란 딱 절반은 나아가는 시간이고
딱 절반은 물러서는 시간이다.

중요한 것은 그 타이밍을 잡는 것이다.
많은 사람의 인생이 지지부진한 이유는
그 타이밍을 제대로 잡지 못하기 때문이다.

인생의 무게에서

50을 덜어내라

도쿠가와 이에야스는 이렇게 말했다.

"인생은 짐을 지고 떠나는 여행과 같다.

그 길이 즐겁고 가벼우려면 무거운 짐을 버리는 법을

알아야 한다."

한 농부가 한 번도 가본 적 없는

먼 곳에 있는 마을로 여행을 떠났다.

길을 떠나고 한참 뒤에 큰 강을 만났다.

목적지에 가려면 그 강을 건너야 했다.

강을 건너지 않으려면 높은 산을 넘어야 했다.

농부는 고민에 빠졌다.

'어떡할까? 거센 물살을 걸어서 건널까,

아니면 힘든 산을 넘을까?'

이러지도 저러지도 못하고 고민에 빠져있는데

문득 한 그루의 큰 나무가 눈에 들어왔다.

그 나무를 보자 번뜩하고 좋은 아이디어가 떠올랐다.

저 나무로 배를 만들어 강을 건너면 되겠다는

생각이 들었다.

농부는 도끼를 꺼내 나무를 베어 배를 만들었다.

남은 나무로 노도 만들었다.

농부는 자신의 탁월한 생각이 대견하고 뿌듯했다.

기쁜 마음으로 직접 만든 배를 타고 강을 건넜다.

—

강을 다 건넜지만 앞으로 갈 길은 한참 남아 있었다.

그런데 농부는 배를 버리고 가기가 너무 아쉬웠다.

인생은 짐을 지고
떠나는 여행과 같다.
그 길이 즐겁고
가벼우려면
무거운 짐을
버리는 법을
알아야 한다.

자신의 지혜와 땀이 깃들어 있는 데다
혹시 또 강이 나오면 배가 필요할 거라는 생각이 들었다.
그래서 만일을 대비해 배를 지고 가기로 했다.
건장한 체격에 힘이 센 농부였지만
배가 너무 무거워서 얼마 가지 못하고
자주 발길을 멈춰야 했다.
땀범벅이 되어 느린 걸음으로 걸어
가까스로 목적지에 도착했다.
목적지까지 오는 동안 강은 다시 나오지 않았다.
하지만 배를 지고 오느라 3배나 더 시간이 걸렸다.

그제야 농부는 쓸데없는 욕심을 부렸다는 걸 깨달았다.
농부에게 배는 노동의 성과이자
다시 강을 만났을 때
유용하게 사용할 수 있는 대비책이었다.
그래서 보물처럼 생각하고 무거운 배를 지고 왔지만,
결국 발길을 무겁게 하는 짐일 뿐이었다.

과감하게 배를 버리고
또 강을 건너야 한다면 다시 배를 만드는 것이
무거운 배를 지고 먼 길을 가는 것보다
시간과 힘을 훨씬 더 아끼는 현명한 선택이었다.

배는 강을 건너기 위한 도구일 뿐이다.
강을 다 건넌 뒤에 배는 필요가 없다.
필요 없는 것은 과감하게 버려야 한다.
그래야 먼 길을 가볍게 갈 수 있다.
자유롭게 날 수 있는 천사를 만난다면
그 날개가 가볍다 말할 것이다.
천사의 날개에 황금을 매달면
이전처럼 자유롭게 날 수 없을 것이다.

하지만 사람들은 혹시 일어날지 모를
만약의 경우를 대비해서
불필요한 것들까지 가지려고 한다.

이천 년 전, 소크라테스는 아테네 시장에서
여러 가지 사치품을 늘어놓고 파는 모습을 보고
한탄을 금치 못했다.
"세상엔 내게 필요치 않은 물건이 얼마나 많은가."

사람이 세상에 나올 때는
빈 바구니를 하나씩 메고 나오는 셈이다.
그리고 한 걸음 걸을 때마다 습관적으로
무언가를 바구니에 넣는다.
그것이 필요한 것인지, 필요 없는 것인지
자세히 살펴보지도 않는다.
지금 필요 없는 것이라도
언젠가 쓸모 있을지 모른다는 생각에
일단 바구니에 넣고 본다.
그렇게 이것저것 넣다 보면
바구니는 무거워질 수밖에 없다.
날이 갈수록 무게가 늘어나는 바구니를 메고
인생길을 걷는데
어찌 힘들지 않겠는가.

인생이란
반은 남기고 반은 버리며,
반은 얻고 반은 잃으며,
반은 달고 반은 쓰다.

어쩌면 인생은 필요 없는 것을 골라서
버리는 과정인지 모른다.

내게 필요한 게 무엇인지 아는 것과
필요 없는 것이 무엇인지를 알아내는 과정이
각자에게 주어진 인생 공부다.
내게 필요 없는 것이 무엇인지 알아내야
가장 소중한 것들을 지키며 살 수 있다.

살면서 눈에 보이거나 보이지 않는
나의 '배낭'을 열어본 적이 있는가?
지금 필요 없고, 가치 없는 짐이
얼마나 있는지 확인해 본 적이 있는가?

인생이란 반은 남기고 반은 버리며,
반은 얻고 반은 잃으며,
반은 달고 반은 쓰다.

어쩌면 인생은
필요 없는 것을 골라
버리는 과정인지 모른다.
필요한 것과
필요 없는 것이
무엇인지를 알아내는
과정이
각자에게 주어진
인생 공부다.

나의 배낭을 열었다면,
주저하지 말고 짐의 반을 덜어내라
부담도 반 버리고
공포도 반 버리고
굴레도 반 벗어나고
상처도 반은 지워라
얻고 잃음이 반반씩 차지하는 인생에서
행복할 수 있는 최고의 방법이다.

많이 얻는 것보다

적게 잃는 것이 낫다

인생의 원리는 생각보다 단순하다.

반은 얻고 반은 잃는 것이다.

그런데 전부를 얻지 못해 안달하고

반을 잃었을 뿐인데 전부를 잃은 것처럼 슬퍼한다.

사람들은 많이 얻고 적게 잃을수록

성공한 인생이라 생각하기 때문이다.

하지만 무언가를 얻는다는 건

다른 무언가를 잃는다는 뜻이다.

그러므로 얻고 잃음을 구분해서 보면 안 된다.

같은 기준으로 '얻은 것이 많은지'

아니면 '잃은 것이 많은지' 비교해야 한다.

중요한 건 얻고 잃음의 균형이다.

—

부자가 되기를 소원하는 사람이 있었다.

그는 자신이 부자가 된다면

자기 자신만 생각하는

보통의 부자들과는 다를 거라는 자신감이 있었다.

그래서 늘 이렇게 기도했다.

"저는 진짜 선한 부자가 되고 싶습니다!

많은 돈이 생기면 나만 생각하지 않고,

가난한 사람들에게 살 집과 먹고 입을 것을

나눠주겠습니다.

그런 선한 부자가 되겠습니다."

그의 간절하고 오래된 기도가 통했는지

어느 날 갑자기 신선이 그를 찾아왔다.

"자네의 기도를 들었네.

소원대로 자네를 부자로 만들어 주지."

그리고 신선은 마법 주머니를 꺼내 그 남자에게 주었다.

"이 주머니에 금화 한 닢이 들어있네.

금화를 꺼내면 계속 금화가 채워지지.

하지만 돈을 쓰려면 이 주머니를 버려야 한다네.

잊지 말게.

돈이 충분히 모였다고 생각될 때

이 마법 주머니를 버려야 한다는 걸."

이 말을 마치자마자 신선은 홀연히 사라졌다.

그는 꿈이라고 생각했다.

그런데 그의 손에는 금화 한 닢이 들어 있는

마법 주머니가 쥐어져 있었다.

금화를 꺼내자 신선의 말대로

금화 한 닢이 또 채워졌다.

그는 밤새도록 쉬지 않고 마법 주머니에서 금화를 꺼냈다.

하룻밤 새 평생 쓰고도 남을 정도의 금화가 수북이 쌓였다.

다음날 일찍 그는 금화를 들고 빵을 사러 나갔다.

하지만 그는 빵을 살 수 없었다.

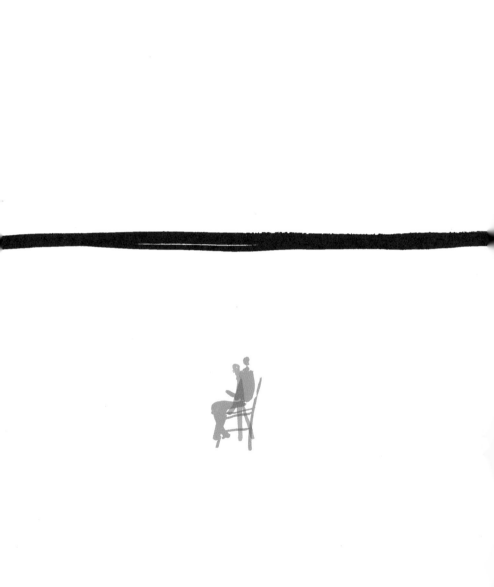

주머니에 가득 채워 간 금화가 모두 사라졌기 때문이다.
그제서야 돈을 쓰려면 마법 주머니를 버려야 한다는
신선의 말이 기억났다.
방 안 가득 금화가 쌓였지만,
이대로 마법 주머니를 버리기가 너무 아까웠다.
그는 조금만 더 돈을 모아야겠다는 생각에
다시 주머니에서 금화를 꺼내기 시작했다.

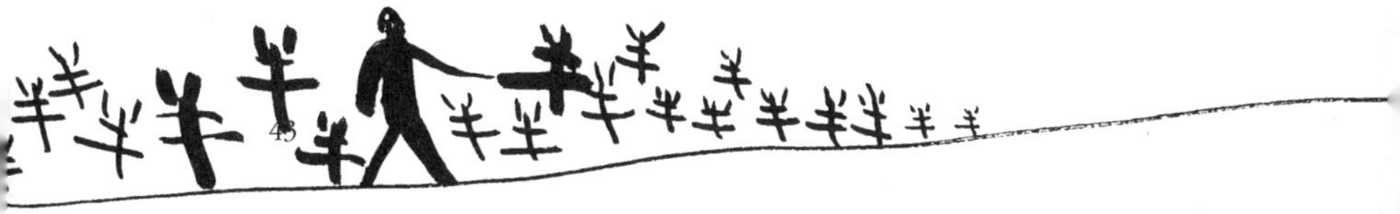

다른 방도 가득 채울 만큼 금화가 쌓였다.

하지만 주머니를 버리려고 할 때마다

조금만 더 금화를 꺼내야겠다는 욕심이 생겼다.

결국 그는 주머니를 버리지 못하고

먹지도 마시지도 않은 채 계속 금화를 꺼냈다.

며칠이 지나자 온 나라 땅을 다 살 수 있을 만큼

금화가 집 안에 가득 찼다.

하지만 그의 얼굴엔 핏기가 사라지고

몸은 마르고 쇠약해져 있었다.

아무것도 먹고 마시지 못한 탓이었다.

그렇지만 그 지경이 되어서도

금화에 대한 욕심이 쉽게 사라져주지 않았다.

마법 주머니를 버려야 집안 가득 쌓여 있는 금화로

빵을 살 수 있다는 걸 알면서도

그의 손은 쉴 새 없이 주머니에서 돈을 꺼내고 있었다.

"계속 금화가 나오는데

어떻게 마법 주머니를 버릴 수 있겠어!"

그는 세상에서 제일 큰 부자가 되었다.

하지만 빵 한 조각, 물 한 모금 마시지 못한 그는

무언가를 얻는다는 건
무언가를
잃는다는 뜻이다.
그러므로 얻고 잃음을
구분해서 보면 안 된다.
중요한 건
얻고 잃음의 균형이다.

결국 피로와 배고픔에 지쳐 금화 더미 위에 쓰러져 버렸다.
그리고 그대로 죽음을 맞이했다.

엄청난 부자가 되고서도
왜 그는 비참하게 굶어 죽어야 했을까?
왜 적당한 선에서 돈에 대한 욕심을 버리지 못했을까?

원인은 얻고 잃음의 균형을 잃어버렸기 때문이다.
처음에 금화를 꺼냈을 땐
금화에 대한 욕심과 생명력이 균형을 이루었다.
하지만 금화를 꺼낼 때마다 조금씩 생명력을 잃어갔다.
만약 그가 금화를 얻는 대신
생명력을 잃어간다는 걸 깨달았다면
얻고 잃음의 균형이 무너지기 전에
욕심을 제어하려 했을 것이다.
하지만 그는 얻고 잃음의 균형에 대해 알지 못했고,
오직 얻는 것에만 집착했기 때문에
욕망과 탐욕의 굴레에 갇혀 죽음을 맞이할 수밖에 없었다.

행복하기 위해
성공하려는 사람은
'얻고 잃음'이 가지고 있는
균형의 중요성을
잘 알고 있다.

금화를 꺼내는 과정이 바로 '얻고 잃는'
인생의 원리를 체험하는 과정이다.
얻고 잃음엔 철저하게 균형이 있다.
얻고 잃음은 각각 반반이다.

행복하기 위해 성공하려는 사람은
'얻고 잃음'이 가지고 있는
균형의 중요성을 잘 알고 있다.
그리고 그것을 지키려고 노력한다.
얻기 위해 잃어버리는 것이 무엇인지 생각하고
균형이 깨지지 않도록 늘 조심한다.
성공을 위해 함부로 가족과 친구들을 희생시키지 않고,
일을 위해 자신의 내면과 건강을 내팽개치지 않는다.
얻고 잃음이 균형을 이루면
일에 전념하면서도
가족과 친구와 행복한 시간을 가질 수 있고,
자신의 꿈과 취미를 즐길 수 있으며,
건강한 몸과 밝은 마음을 유지할 수 있다.

일에 미친 사람들은 대체로

'얻고 잃음'의 균형이 깨져 있다.

성공이란 결실을 얻기 위해

가족과 친구와 자기 자신을 잃는 것에 대해

대수롭지 않게 생각한다.

그런 사람의 곁에는

사랑해 주고 지지해 줄 가족이 없고,

마음을 터놓을 친구도 없다.

스트레스에 짓눌린 예민한 육체와

조바심으로 가득 찬

허약하고 외로운 내면만 있을 뿐이다.

이 사람은 얻은 것이 많은가, 잃은 것이 많은가.

우리는 절대로 잃는 것 없이 온전한 100을 다 가질 수 없다.

잃는 것 없이 얻기만 할 수도 없다.

얻고 잃음,

반반의 균형 있는 인생을 살려면 어떻게 해야 할까?

많이 얻기 위해 무리하지 말고

적게 잃기 위해 조심하라.

일에 미친 사람들은
가족과 친구와 자기 자신을
잃는 것에 대해
대수롭지 않게 생각한다.

인생이라는 나무통엔

돌멩이와 모래가 반반이라

"쉴 때 쉬고 일할 때 일하라."라는 옛말이 있다.
우리 인생에서 일하는 시간과 쉬는 시간은
반반을 차지한다.
일을 해야 물질적인 뒷받침이 생기고,
잘 쉬어야 맑은 정신과 활기찬 몸으로
인생을 살 수 있다.

일할 때는 바쁘고 피곤하다.

하지만 그만큼 물질적 보상과 함께
성취감을 느낄 수 있다.
반면 쉴 때는 한가하고 편안하다.
하지만 자칫 공허와 불안에 사로잡힐 수 있다.
그래서 우리는 자주 모순에 빠진다.

일할 때는 쉬고 싶다고 투덜거리고,
정작 쉴 때는 시간을 낭비하는 것 같은 걱정에
온전히 쉬지도 못한다.
그러다 또 밤낮없이 바빠지면
쉬고 싶다고 투덜거린다.

—

이렇게 많은 이들이
바쁘게 일할 시간엔 느긋한 휴식을 바라고,
편안한 휴식 시간엔 바쁘기를 원한다.
지금 자신이 처한 상황과 정 반대의 것을 원하며
현재를 즐기지 못한다.

우리는 사회라는 땅에 농사를 지으며 산다.

열심히 일하고, 결과물을 수확하는 과정에서

인생의 시간들은 보람과 의미로 채워진다.

하지만 수확의 보람을 위해

인생의 시간에서 일의 비중이 50을 넘어서는 안 된다.

나머지 50은 일 외의 다른 가치로 채워져야 한다.

가족과의 편안한 시간,

친구와의 즐거운 교류,

취미와 작은 재미가 가져다주는 내면의 환기,

종교와 봉사에서 얻을 수 있는 감사와 안정.

이런 것들로 인생의 반을 채워야

우리는 만족과 행복을 얻을 수 있다.

—

그렇다고 딱 인생의 절반만 일해야 한다는 뜻은 아니다.

무조건 주당 48시간 일하던 것을

주당 24시간으로 줄여야 한다는 게 아니다.

이 의미를 애주가로 유명한

시인 두보杜甫의 일화를 통해 알 수 있다.

그에게 술은 단지 즐거움을 위한 유흥이 아니라

일 외의 다른 가치를 의미했다.

하지만 그는 일하는 시간과

술을 즐기는 시간의

황금비율을 알고 있었다.

그가 쑤저우蘇州의 자사刺史(옛 관직 이름)로 있을 때였다.

공무가 너무 많은 탓에 스트레스가 심했다.

하지만 그는 열흘에 딱 한 번만 술을 마시겠다는

규칙을 정해놓았다.

그리고 규칙대로 아흐레 동안 열심히 일하고

열흘째 되는 날엔 하루 종일 마음껏 술을 즐겼다.

두보에게는 술을 마시는 그 하루가

일하지 않는 나머지 인생의 50이었다.

또한 온전히 시인으로만 사는 하루였다.

그날은 두보에게 매우 중요하고

무엇과도 바꿀 수 없는 특별한 하루였다.

인생의 시간에서
일의 비중이
50을 넘어서는 안 된다.
나머지 50은
일 외의 다른 가치로
채워져야 한다.

그날이 아니면 아흐레 동안 쌓인
심신의 피로와 스트레스를 씻을 기회가 없었기 때문이다.
그날이 되면 열일을 제쳐놓고 술을 마셨고,
그러기 위해 아흐레 동안 열심히 일했다.
만약 스트레스가 쌓일 때마다
또는 온갖 핑계와 이유를 붙여서
수시로 술을 마셨다면
그 날은 중요하고 특별한 하루가 아니라
다른 날과 별다를 것 없는 하루가 되었을 것이다.

호스피스 병동에서 오래 일한 사람들은
다들 비슷한 경험과 깨달음을 얻는다고 한다.
죽음을 목전에 둔 환자들이
지나온 인생을 되돌아보며 가장 후회스러워 하는 것은
자신에게 주어졌던 수많은 시간을
제대로 사용하지 못한 것이라고 말이다.
하고 싶은 일에 과감하게 도전하지 못했고,
그렇다고 주어진 일에 충실한 것도 아닌 채
어정쩡한 상태로 인생의 많은 시간을 허비해버렸다는 걸

삶이 끝나가는 순간에서야 깨닫게 되었다고 한다.
지나고 보니 그 두 가지는 대립되는 것이 아니라
충분히 양립할 수 있는 것이었다.
그것을 일찍 깨달았다면
두보처럼 일과 휴식이 조화로운
삶을 살 수 있었을 것이다.

—

하지만 인생의 마라톤을 달리고 있는 중에는
그런 깨달음을 얻기가 쉽지 않다.
남보다 처지는 게 두려워서
다른 생각은 전혀 못 하기 때문이다.
어떤 청년도 그랬다.
그는 자신이 원하는 것을 빨리 이루기 위해
매일같이 일에만 매달렸다.
그에겐 여유롭게 휴식을 취하고,
가족과 함께 식사를 하고
산책을 하며 도란도란 이야기를 나누는

시간이 거의 없었다.
한 마디로 인생의 50이 없는 삶이었다.

그러다 어느 날 문득
그 청년은 인생이 너무 고달프다고 느껴졌다.
자신이 지쳐 있다는 걸 깨달은 청년은
스님을 찾아가 고민을 털어놓았다.
그의 말을 다 들은 스님은
나무통들이 있는 곳으로 청년을 데려갔다.
"여기서 가장 큰 나무통을 골라서
거기에 돌을 가득 채워보게."
청년은 의아했지만 일단 스님이 시키는 대로
돌을 가져다 나무통을 채웠다.
"스님, 시키신 대로 돌을 가득 채웠습니다."
이번엔 스님이 가까이에 있는 모래더미를 가리켰다.
"그럼 저 모래를 나무통에 가득 채워보게."
청년은 스님이 시키는 대로
쓰레받기로 모래를 퍼서 나무통에 채워 넣었다.
돌 사이가 모래로 가득 채워졌다.

인생에서 일은
중요한 부분을 차지한다.
하지만
휴식과 놀이가 없으면
인생의 반이
빈틈으로 남게 된다.

"스님, 나무통이 돌과 모래로 가득 찼습니다."

"그래? 정말 다른 것은 아무것도 들어갈 수 없을 정도로
가득 찼는가?"

청년이 자신 있게 대답했다.

"네, 더 이상 아무것도 들어갈 수 없을 정도로 꽉 찼습니다."

스님이 아무 말 없이 우물가로 가서

물 한 바가지를 퍼왔다.

"그럼 이 물을 부어보게."

청년이 스님에게 바가지를 건네받아

물을 나무통에 부어보았다.

그러자 돌과 모래로 꽉 찬 사이로

물이 스며들어 갔다.

바가지로 몇 번이나 물을 더 붓자

그제야 나무통이 돌멩이와 모래와 물로 가득 찼다.

그것을 보고 청년은 말없이 생각에 잠겼다.

한참 후 스님이 전하고자 하는 깨달음을 얻은 청년은

공손히 감사의 절을 올렸다.

"스님, 무슨 뜻인지 알겠습니다."

인생에서 일은 나무통을 채운 돌과 같다.

큰 돌처럼 삶에서 중요한 부분을 차지한다.

하지만 모래와 물이 없으면

나무통이 가득 채워지지 않듯

휴식과 놀이가 없으면

인생의 반은 빈틈으로 남게 된다.

그리고 그 빈틈만큼 후회가 생긴다.

반대로 모래와 물로 통을 채우고 나서

돌을 넣으면 어떻게 될까?

아마 돌을 넣는 순간

물과 모래가 나무통 밖으로 넘쳐흐를 것이다.

이처럼 휴식과 놀이만 있는 삶은

돌을 넣을 자리가 없는 만큼

보람과 의미를 느끼기 힘들다.

그래서 공허와 무기력만 남을 수 있다.

인생은 일 반, 휴식 반으로 채워야 한다.

한쪽에 치우침 없이

반반의 균형을 이뤄야 한다.

일로만 채워진 삶은
수많은 빈틈 때문에
후회하고,
휴식으로만 채워진 삶은
인생의 얇은 두께 때문에
후회하게 된다.

일로만 채워진 삶은

수많은 빈틈 때문에 후회하고,

휴식으로만 채워진 삶은

인생의 얇은 두께 때문에 후회하게 된다.

50만 영리하고

50은 우직하라

인생의 완성도를 결정하는 두 가지 요소가 있다.
하나는 안목이고,
또 하나는 실행이다.
두 가지 중 무엇이 앞에 있어야 하냐고 묻는다면
안목이라고 답할 수 있다.
하지만 아무리 높은 안목이 있더라도
실행이 없다면 백일몽을 꾸는 것과 같다.
또한, 실행 없이 안목만 높을 경우

'인격분열'이 발생할 가능성이 크다.

그리고 주변을 둘러보면

인격분열인 사람이 수없이 많은 것을 볼 수 있다.

이들은 원대한 포부와 참신한 생각을 가지고 있다.

그러나 생각만 있을 뿐 실제로 행동에 옮기진 않는다.

그럴듯하거나 멋져 보이는 계획을 가지고 있지만,

구체적이고 확실한 목표가 있는 건 아니다.

그래서 이들의 언행은 대부분 일치하지 않는다.

—

아주 오래전, 쓰촨四川의 어느 인적 드문 산에

작은 절이 있었다.

이 절에는 스님이 두 분 살고 있었다.

한 스님은 가난해서 낡은 옷을 입고

제대로 먹지 못해 마르고 허약했다.

한 스님은 부자여서 비단으로 된 법의를 입고

질 좋은 음식들을 먹어서 건강했다.

당시 스님들은 남해(지금의 저장浙江, 푸퉈普陀 지역)를 불교의 성지라고 생각했다.
그래서 남해에 가는 것을
인생의 목표로 삼는 스님들이 많았다.

어느 날 가난한 스님이 부자 스님에게 말했다.
"스님, 제가 남해에 가려고 합니다. 어떻게 생각하십니까?"
부자 스님은 어이가 없다는 듯 웃음을 터뜨렸다.
가난한 스님이 어리둥절해서 물었다.
"왜 웃으십니까?"
부자 스님은 한참을 웃고 나서 비웃듯이 말했다.
"남해에 가신다고요? 진심이십니까?
여기서 남해까지 거리가 몇천 리인데
스님 형편에 어떻게 가시려고요?"
부자 스님의 비웃음이 거슬렸지만
가난한 스님은 진지하게 자신의 의지를 밝혔다.
"물병 하나와 발우 하나 믿고 가려고요!"
"하하하하!"
부자 스님은 비웃음을 감추지 않고 다시 웃음을 터뜨렸다.
"스님은 너무 순진하십니다.

완벽한 조건과
준비가 갖춰진 후에
실행에
옮기겠다는 건
하지 않겠다는 뜻이나
마찬가지다.

여기서 남해까지 몇천 리나 되는 험한 길을
물병 하나와 발우만 달랑 들고 가시겠다니…
너무 허무맹랑한 계획입니다."
부자 스님의 면박에도 가난한 스님은
아무런 대꾸도 하지 않고 가만히 있었다.
그러자 부자 스님은 잘난 체하며 입을 열었다.
"사실 저도 몇 년 전부터
남해에 갈 계획을 세우고 준비를 해왔습니다.
긴 여행에 필요한 물품들을 충분히 마련하고
큰 배를 한 척 사고 나면
시종과 호위병을 몇 사람 구해서 남해로 갈 겁니다.
이렇게 몇 년 동안 만반의 준비를 해야 가능한 일을
어찌 물병 하나와 발우만 들고 가시겠다는 겁니까.
소승의 생각에는 너무 허무맹랑한 일 같습니다.
그만두시는 게 좋을 것 같습니다."
부자 스님은 온갖 이유를 들어
가난한 스님에게 남해로 가는 계획을 포기하라고 했다.
하지만 가난한 스님은 뜻을 굽히지 않았다.
그리고 기왕 가기로 결심했으니 빨리 떠나기로 했다.

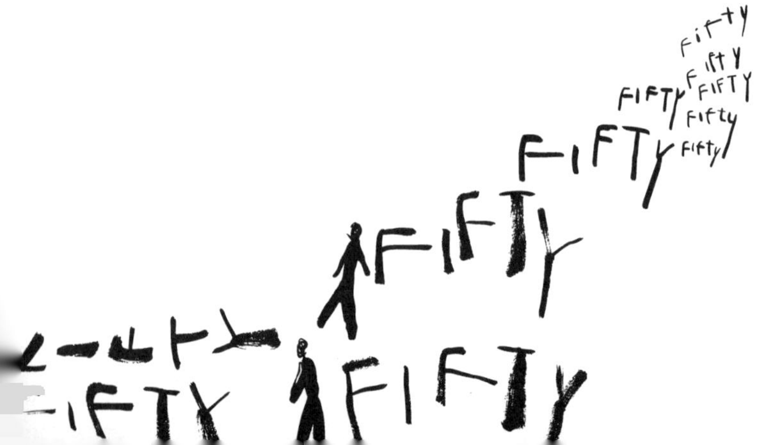
fifty
fifty
FIFTY
FIFTY
fifty
fifty
FIFTY
FIFTY
FIFTY

다음 날 아침 일찍,

가난한 스님은 물병과 발우만 들고 남해로 길을 떠났다.

순식간에 1년이 흘렀다.

가난한 스님은 마침내 꿈에 그리던 남해에 도착했다.

그리고 다시 1년 뒤, 가난한 스님은 쓰촨의 절로 돌아왔다.

남해에 갔다 오는 험한 여정에서

가난한 스님은 다양한 경험을 하고 많은 사람들을 만났다.

이전과는 다른 깊은 깨달음을 얻었기에

돌아와 사람들의 마음을 움직이는 법문을 전했다.

스님은 이제 많은 사람들의 존경을 받게 되었다.

그렇다면 가난한 스님의 계획을 비웃던

부자 스님은 어떻게 살고 있었을까.

부자 스님은 계속 쓰촨의 절에 남아있었다.

언젠가 남해에 갈 계획을 위해 준비만 하고 있었다.

남해에 갈 계획을 실행에 옮기는 데

부자 스님이 가난한 스님보다 훨씬 더 좋은 조건이었다.

그런데도 부자 스님은 줄곧 '준비'만 하고 있을 뿐

실행에 옮기지 않았다.

반대로 가난한 스님은 열악한 조건이었지만
조건을 탓하지 않고 자신의 생각을 실행에 옮겼다.

—

두 스님이 가진 안목은 똑같았다.
하지만 결과는 달랐다.
이유는 부자 스님이 너무 영리했기 때문이다.
쓰촨에서 남해까지의 긴 여행 중에 발생할 수 있는
수많은 어려움과 난관들을 다 예측하고 대비하려 했다.
물론 현명하고 안전한 방법이다.
하지만 아무리 예측하고 대비하고 준비해도
여행 도중에 일어날 모든 어려움과 위험을
다 막아낼 순 없다.
그런데 부자 스님은 위험을 감수하지 않기 위해
완벽한 준비와 조건을 갖추기만 기다렸다.
반대로 가난한 스님이 최악의 조건임에도
자신의 꿈을 이룰 수 있었던 건
반은 똑똑하고 반은 어리석었기 때문이다.

아무리 좋은 말과
기발한 생각도
작은 실행보다 못하다.
계산 없는 실행이 쌓여야
꿈이 현실이 된다.

완벽한 조건과 준비가 갖춰진 후에 실행에 옮기겠다는 건
하지 않겠다는 뜻이나 마찬가지다.
마주칠 수 있는 고난에 대해
반은 준비하고, 반은 감수할 수밖에 없다.

어찌 보면 무모해 보일 수도 있다.
준비가 덜 된 것이 불안할 수 있다.
하지만 조금의 무모함과 불안함 없이
완벽하게 안전한 도전은 세상에 없다.
그리고 확실한 성공이 보장된 도전도 없다.

조금의 위험과 실패도 감수하지 않으려고
다들 완벽한 계획을 세우는 데 너무 많은 공을 들인다.
하지만 우공이산愚公移山(어떤 일이든 끊임없이 노력하면 반드시 이루어진다는 뜻)의
정신은 가벼이 여긴다.
반의 영리함만 있고, 반의 우직함이 없기 때문에
계획과 생각만 있고, 실행이 없다.

아무리 좋은 말과 기발한 생각도 작은 실행보다 못하다.

실행이 있어야 자신이 흘린 땀을 증명할 수 있다.

실행이 있어야 자신이 한 말에 마침표를 찍을 수 있다.

아무리 똑똑한 사람이라도

말로는 아무것도 이뤄내지 못한다.

그저 꿈으로 남을 뿐이다.

반의 영리함과 반의 우직함,

그리고 계산 없는 실행이 쌓여야

꿈이 꿈으로 끝나지 않고

현실이 된다.

오래 사랑하고 싶다면

절반만 사랑하라

성경에 이런 구절이 있다.
"영원히 함께하고 싶다면,
아침에 밥 한 그릇을 나누어 먹지 마라.
기쁨을 나누며 술을 마셔도
한 잔을 나눠 마시지 마라.
너희는 악기의 두 현과 같아서
떨어져 있기도 하고
떨어져 있지 않기도 하다.

너희는 신전의 두 기둥과 같아서

혼자이기도 하고

혼자가 아니기도 하다."

사람은 본디 불완전한 존재다.

그래서 나의 반쪽을 찾아서 완전해지려고 한다.

하지만 원래 하나가 아니라

'반¥'과 '반¥'이 만나서

하나가 된 것이다.

그러므로 각자의 독립성을 지켜야 한다.

하지만 사랑하는 사람들은

두 사람 사이에 조금의 틈도 없이

완전히 붙어 있는 것이

진정한 사랑이라고 생각하거나

가장 이상적인 사랑이라고 착각한다.

그래서 가능한 한 떨어지지 않고

찰떡처럼 붙어 있으려고 한다.

하지만 그것은 고슴도치 두 마리가

서로 따뜻하게 해주기 위해 붙어 있는 것과 같다.

사랑이란 건,
고슴도치 두 마리가 서로의 온기를 나눠주는 것과 같다.
너무 멀리 떨어지면 따뜻하지 않고
바짝 붙으면 서로의 가시에 찔려
상처가 나게 된다.
자유의지가 손상되어
서로에게 상처를 주는 것이다.

그래서 사랑엔 적당한 거리가 필요하다.

상처받지 않으면서 서로의 온기를 느낄 수 있는

적당한 거리를 유지할 때

사랑의 신선도가 유지된다.

또한, 이러한 능력을 갖출 때

사랑의 고수가 될 수 있다.

그렇다면 어느 정도의 거리가 적당한 걸까?

또 어떻게 그 거리를 유지해야 할까?

아무리 사랑하는 사이라도 늘 달라붙어 있으면

그만큼 사랑의 유효기간은 단축된다.

유효기간을 늘리는 가장 좋은 방법은

둘 사이에 '틈門'을 만들어주는 것이다.

여기서 말하는 '틈門'이란

사랑하는 사람에게서 멀리 떨어지라는 게 아니라

적당히 함께하라는 뜻이다.

—

광저우廣州에 사는 판후이樊輝는 남편과 맞벌이를 하고 있었다.

이 부부는 9시에 출근해서 6시에 퇴근하면

남은 하루를 함께 보냈다.

같이 있는 시간이 부족해서 약간 아쉬웠지만

두 사람이 같이 있으면 늘 즐겁고 행복했다.

그러다 부부가 실직과 이직의 시간이 겹쳐져서

둘이 함께 집에 있게 되었다.

처음엔 하루 종일 함께 있게 된 것이 기뻤다.

하지만 시간이 갈수록

상대의 소소한 단점들이 눈에 들어오고

서로에 대한 불만들이 많아지며

부딪히는 일이 잦아졌다.

하루에도 몇 번씩 말다툼을 하게 되자

판후이는 결혼생활에 위기를 느꼈다.

이대로 가다간 서로에 대한 사랑이 깨질 것 같았다.

'어떻게 하면 다시 예전처럼 좋은 관계를 유지할 수 있을까?'

판후이는 마침내 방법을 찾아냈다.

그리고 남편에게 '각방 살이'를 하자고 제안했다.

자기만의 공간에서 각자 좋아하는 일을 하다가

보고 싶으면 상대의 방으로 찾아가거나

사랑엔
적당한 거리가 필요하다.
상처받지 않으면서
온기를 느낄
거리가 있을 때
사랑의 신선도가 유지된다.

거실에서 만나기로 규칙을 정했다.

그 후로 두 사람은 각자의 공간에서 생활했다.

보고 싶으면 휴대폰으로 전화를 걸어 상대의 상황을 물었다.

한집에 살면서도 마치 연애 때처럼 약속을 정해서 만났다.

밤에도 뜨겁게 사랑을 나눈 뒤,

"잘 자." 하고 인사를 건네고

각자 방에 돌아와서 잠자리에 들었다.

각자의 공간과 시간을 갖게 되면서

판후이와 남편은

예전처럼 같이 있으면 행복한 사이로 돌아갔다.

사랑하는 사이라고 해서

모든 걸 공유하려고 해서는 안 된다.

서로에게 독립된 공간과 시간을 주어야 한다.

각자의 자유의지를 손상시키는 사랑은 구속이기 때문이다.

그러므로 상대를 100 다 가지려고 하지 말아야 한다.

딱 50만 가지는 것,

딱 50만 공유하는 것이

불완전한 세상에서 사랑을 유지하는 방법이다.

사람들은 사랑을 원한다.

하지만 사랑의 기쁨은 잠시이고,

사랑의 슬픔과 불행만이 넘쳐난다.

이유는 완전한 사랑, 영원한 사랑을 바라기 때문이다.

불완전한 세상에서

불완전한 인간이

완전한 사랑을 바라는 것은 그 자체가

불행을 자초하는 일이다.

그러니 사랑에 자신의 100을 걸어서는 안 된다.

자신의 100을 주는 것은

완전한 사랑을 이루는 길이 아니다.

100을 걸면 서로의 자유의지를 잃어버린다.

자유의지가 손상된 사랑은

사랑보다는 구속이나 집착의 길로 들어서기 쉽다.

그것은 출구 없는 방에 갇히는 것과 같다.

자유의지가 손상되지 않는 사랑의 최대치는 50이다.

그러니, 사랑에는 인생의 50만 걸어라.

100을 걸고선 100이 다 돌아오지 않는다고
억울해하지 말라.
50은 애초에 내 것이 아니다.

내가 사랑에 50만 걸듯,
상대도 자신의 50만 거는 걸 인정하라.
자신은 50만 걸면서
상대가 100을 걸기 바라지 말라.
또한 100이라는 완전한 모양새를 만들고 싶어
보이지 않는 50이나 지나간 50을
캐내려 하지 말라.

—

새해를 앞두고 웨이팅의 집에선 집안 대청소가 있었다.
웨이팅이 맡은 곳은 애서가인 아버지의 지하 서재였다.
청소를 하던 웨이팅은 책장 맨 밑에서
색이 바랜 오래된 상자 하나를 발견했다.
상자 속에는 아버지가 결혼 전에 사귀었던

여자의 사진과 그녀에게 보낸 편지들이 들어 있었다.

편지마다 낭만이 묻어 있었고,

그녀를 향한 열렬한 사랑으로 가득했다.

웨이팅은 의문이 생겼다.

'서로 이렇게 사랑했는데 왜 엄마와 결혼했을까?

아버지에게 애인이 있었다는 얘기는

한 번도 들어본 적이 없는데….

엄마도 이런 일이 있었다는 걸 알고 있을까?

몰랐기 때문에 아빠와 결혼한 걸까?'

웨이팅은 의문이 들었지만

아버지의 편지와 사진을 다시 상자에 넣어두었다.

이 일로 두 분의 사이가 깨지길 원치 않았기 때문이다.

하지만 며칠 후 어머니가 지하실에 물건을 찾으러 갔다가

그 상자 속의 편지와 사진을 보고 말았다.

웨이팅은 어머니가 크게 속상해하며 화를 낼 거라 생각했다.

하지만 어머니는 아무 말 없이 상자를 원래 자리에 두었다.

웨이팅은 어머니의 안색을 살피며 조심스럽게 물었다.

"엄마, 화 많이 났어요?"

딸의 물음에 어머니는 빙긋이 웃었다.

"왜 화가 나지? 우리가 이렇게 잘 살고 있는데.

그리고 내가 이 여자를 질투한다고 해서

네 아빠가 이 여자를 사랑했던 사실이 없어지는 게 아니잖니.

실은 네 아빠가 나를 만나기 전에

사랑하던 사람이 있었다는 걸 알고 있었어.

두 사람은 서로 무척 사랑했지만

성격이 안 맞아서 헤어졌다고 하더구나.

우리는 뜨겁게 사랑한 건 아니지만

서로에게 너무 잘 맞는 상대였거든.

그래서 결혼했고, 지금까지 잘 살고 있잖아."

사랑은 신발과 같다.

겉으로 보는 것만으로 자신에게 맞는지 안 맞는지

절대로 알 수 없다.

오직 신어 봐야만 알 수 있을 뿐이다.

하지만 사람들은 사랑에 빠지면

자신과 완전히 다른 사람이거나

전혀 맞지 않는 사람도

사랑의 힘으로 맞출 수 있다는

불완전한 세상에서
불완전한 인간이
완전한 사랑을
바라는 것은
그 자체가
불행을 자초하는 일이다.

환상에 빠진다.

그러나 사랑이 진행되는 과정에서

조금 다른 것과

완전히 다른 것의 큰 차이를 알게 된다.

한 치수가 크거나 작은 신발의 불편함은

어느 정도 참아낼 수 있다.

하지만 차이가 너무 크다면 그 신발은

처음부터 내 것이 아니다.

이처럼 자신과 너무 다른 사람과의 사랑은

처음부터 내 것이 아니었을 가능성이 높다.

사람들은 자기 자신에게 관대한 속성이 있다.

자신에게 잘못된 점이 있다는 걸 알면서도

그냥 그대로 유지하고 싶어 한다.

그러면서 상대가 바뀌기를

나에게 맞춰주길 바란다.

이것은 서로가 같다.

마치 평행선처럼.

내가 사랑에 50만 걸듯,
상대도 자신의
50만 거는 걸
인정하라.
상대가 100을 걸기
바라지 말라.

나와 완전히 다른 사람,

맞지 않는 사람에 대한 사랑은

디자인은 마음에 들지만 발에 안 맞는 신발을

신는 것과 같다.

너무 헐렁하거나 꽉 끼는 신발은

잠깐은 신을 수 있어도

오래 신을 수는 없다.

결국 신지 않거나 버릴 수밖에 없다.

날 선 보검도 반은

칼집에 넣어 두어야 한다

인생의 타이밍은

나아갈 때가 50이고, 물러설 때가 50이다.

그래서 인생의 절반은 나아가고,

인생의 절반은 물러서야 한다.

그런데 나아가야 할 때 물러서고,

물러서야 할 때 나아간다면 어떻게 될까?

—

옛날에 최고의 기술을 가진 유명한 대장장이가 있었다.

그는 최상급의 철로 자신의 기술을 다 쏟아부어

천하제일의 보검을 만들었다.

검을 휘두를 때마다 날카롭고 매끄러운 검 날에서

발산되는 투명한 빛에 눈이 부실 정도였다.

이 검을 본 사람들은 모두 감탄하며 찬사를 보냈다.

"세상에서 최고의 검이야!"

대장장이는 자신이 만든 보검이 자랑스러웠다.

그래서 검을 잘 보관하기 위해 검집도 만들었다.

검집에 검을 넣으려는데 보검이 화를 냈다.

"사람들이 저의 멋진 모습에 감탄하고 있는데,

왜 저를 검집에 넣으려고 하세요?

사람들이 저를 잘 볼 수 있도록 그냥 두세요!"

대장장이는 검집에 들어가야 할 이유를 설명하며

보검을 설득하려고 했다.

하지만 보검은 막무가내로

검집에 들어가지 않겠다고 고집을 부렸다.

대장장이는 너무 완강한 보검의 고집을 꺾을 수 없었다.

그래서 보검의 뜻대로 검집에 넣지 않고

사람들이 잘 볼 수 있는 대청 벽에 걸어놓았다.

그리고 얼마 지나지 않아

보검의 날에 온통 녹이 슬기 시작했다.

예전의 휘황찬란한 광채는 온데간데없이 사라지고

시퍼런 녹이 보검을 흉물스럽게 만들어버렸다.

그러니 보검을 보러 오는 사람도,

감탄하는 사람도 없어져버렸다.

이젠 어느 누구도 그 검을 보검이라고 하지 않았다.

처음에는 확실히 천하제일의 '보검'이었다.

하지만 스스로의 빛에 취해 우쭐해 하다가

평범한 검도 못 되는 흉물이 되어버렸다.

만약 검집에 들어가서 적당한 시기에 모습을 드러냈다면

여전히 모두가 감탄할만한

최고의 보검으로 남아있었을 것이다.

이처럼 내가 최고의 보검을 갖고 있다 해도

그 검을 꺼내야 할 때가 있고

조용히 검집에 넣어두어야 할 때가 있다.

그런데 요즘 세상은 이 검처럼 자신의 재능을

하루라도 빨리 보여주지 못해 안달이다.

하지만 축적된 노력과 시간이 부족한

얇은 재능이라면 세상에 빨리 드러낼수록

넘어질 일만 생긴다.

기초가 허술하니 누가 살짝만 건드려도

엎어질 수밖에 없다.

지금 우리에게 필요한 것은

'도광양회韜光養晦(자신의 재능이나 능력을 빨리 드러내지 않고

시간을 기다린다는 의미)'의 자세다.

자신의 재능을 최대한 갈고 다듬었다고 해도

함부로 드러내선 안 된다.

적당한 때를 기다려야 한다.

삼국지 보드게임에는 '제갈노諸葛弩(열 개의 화살을 연속해서 발사할 수 있는

무기)'라는 카드가 있다.

제갈노 카드를 가지면 연속해서

'죽이기' 카드를 내놓을 수 있다.

하지만 '죽이기' 카드가 몇 장 없다면

제갈노를 섣불리 꺼내선 안 된다.

너무 빨리 끼내면 당신의 호부虎符(구리로 범 모양을 본떠 만든 징병의 표지.
여기서는 '말'을 의미함)가 다른 사람들의 공공의 적이 될 수 있다.
이처럼 뛰어난 재능도 좋은 때를 만나야
빛을 발할 수 있다.

—

하지만 요즘 사람들은
적당한 때를 기다리려고 하지 않는다.
아니, 기다릴 줄 모르는 게 아니라
기다리고 있다가는 아예 기회가 오지 않을 거라고 생각한다.
그래서 기회를 억지로 만들려고까지 한다.
마치 길거리 캐스팅 기회를 잡기 위해
거리를 서성이는 연예인 지망생처럼 말이다.
하지만 진짜 재능은 드러내지 않고
조용히 숨겨놓는 시간이 필요하다.
자신이 어떤 사람인지도 잘 모르고,
자신의 말과 행동이 일으킬 파장조차
예측하기 힘든 시점에서

사람들은
적당한 때를 기다리려고
하지 않는다.
기다리고 있다가는
아예 기회가
오지 않을 거라고 생각한다.

FIFTY
FIFTY
FIFTY FIFTY FIFTY FIFTY FIFTY F FIFTY FIFTY FIF
FIFTY FIFTY FIFTY FIFTY FIFTY FIT TY FIFTY FIFTY FIFTY FIFTY
FIFTY FIFTY FIFTY fifty FIFTY FIFTY
FIFTY FIFTY FIFTY TY FIFTY FIFTY
FIFTY FIFTY FIFTY FIFTY FIFTY

FIFTY FIFTY FIFTY FIFTY FIFTY FIFTY FIFTY

자신이 어떤 사람인지도
잘 모르고,
재능을 마구
드러내는 것은
위험한 짓이다.
때론 그 재능이 독이 되어
돌아올 수 있다.

재능을 마구 드러내는 것은

득보다 실이 많은 위험한 짓이다.

때론 그 재능이 독이 되어 돌아올 수 있다.

세상엔 남다른 재능을 가진 사람들이 많다.

그런데 그들 중 대다수가 원하는 바를 이루지 못한다.

그 이유는

물러서야 할 때와

나아가야 할 때를

제대로 구별하지 못했기 때문이다.

날 선 보검을 보여줄 때와

검집에 넣어 둘 때를 구분하지 못했기 때문이다.

인생의 50은

버티는 시간이다

인생을 어느 정도 살아보면

많은 것이 하늘에 달려 있음을

알게 되는 순간이 온다.

100의 결과를 얻기 위해 전력 질주한다고 해서

100의 결과를 얻는 게 아니라는 것을

알게 되는 순간이 온다.

자판기에 오백 원을 넣으면

오백 원짜리 물건이 나오듯

누구나 자신의 노력과 동일한 결과를 바라지만,

인생의 원리는 그렇게 작동하지 않는다.

나의 노력과 함께

수많은 변수가 내 편이 되어야

가능한 일이기 때문이다.

그래서 우리 인생의 모든 성공 확률을

딱 절반으로 보는 것이 안전하다.

그래야만 100의 노력이 50의 결과를 가져와도

편안할 수 있다.

그런데 잘 살펴보면 재미있는 사실을 알 수 있다.

자신이 모든 것을 쏟아부어

100의 노력을 했다고 생각하지만,

실은 50이었다는 것이다.

왜냐하면 사람이 자신의 능력과 노력으로

할 수 있는 수준의 최대치가 50이기 때문이다.

그럼 100이 되는 방법은 없는 것일까?

딱 한 가지가 있다.

버티는 것이다.

50의 노력과 50의 버티기.

이것이 100을 만드는 유일한 방법이다.

우리는 살기 위해 하루하루

노력하거나 또 버텨야 한다.

밥벌이를 위해 숨 막히는 출근길에 시달려야 하고,

내 꿈을 이루기 위해 하기 싫은 일도 억지로 해야 한다.

그래서 사람들은 부자가 되거나

권력을 가지려고 한다.

부자가 되거나 권력을 가지면

하기 싫은 일은 하지 않아도 되고,

힘든 순간을 버텨내지 않아도 된다고

생각하기 때문이다.

그렇지만 그것은 짧은 생각이다.

우리가 단지 능력이 없거나

존재가 미약해서 그러는 것이 아니다.

역사에 나오는 수많은 제왕과 강자들은

우리보다 더 많이 버텨야 했다.

100을 만들
방법은
없는 것일까?
딱 한 가지가 있다.
버티는 것이다.
50의 노력과
50의 버티기.

초나라 장왕楚莊王은 왕위에 오르고 나서

처음 3년 동안 정사는 돌보지 않고 유희에 빠져 있었다.

매일같이 잔치를 벌이고 술과 여흥을 즐겼기에

신하와 시종들은 뒤에서 손가락질하며 흉을 봤다.

하지만 그는 아랑곳하지 않고 계속 유희를 즐겼다.

왜냐하면 그의 유희는

단지 놀기 위한 것이 아니었기 때문이다.

권력이 그의 손에 들어왔지만

당장 그 권력을 행사하는 일이

얼마나 위험한지를 잘 알고 있었다.

간신들에게 휘둘려 정사를 망친

선대先代 왕들의 일화를

너무도 잘 알고 있었다.

진정 나라를 위하는 충신과

자신의 부귀영화만 추구하는 간신을

분명히 가려내야 했다.

그러기 위해 장왕은 3년의 시간을 버텨야 했다.

3년 동안 장왕은 술을 마시면서

유흥을 멀리하고 정사를 돌보라고 간언하는 신하와

술을 따르고 잔치의 흥을 돋우려고 하는 신하를
유심히 살폈다.
이렇게 천하의 권력을 손에 쥔 왕도
자신이 뜻을 제대로 펼치기 위해선
버텨야 하는 시간이 필요했다.

맹자孟子에 이런 주제가 있다.
《생어우환, 사어안락生於憂患, 死於安樂》.
"하늘은 큰일을 맡기기 전에,
마음을 괴롭게 하고
몸을 힘들게 하며
배를 곯게 하고
모든 일을 어지럽게 한다.
하지만 이 모든 것들이 마음의 근육을
더욱 튼튼하게 만들어 버틸 수 있게 해주고
그리하여 이전에 할 수 없었던 일도
할 수 있도록 만들어준다

(天將降大任於是人也, 必先苦其心誌, 勞其筋骨, 餓其體膚, 空乏其身, 行拂亂其所為,
所以動心忍性, 曾益其所不能)."

버티는 시간은
완벽한 통찰을
만들어내는 과정이다.
그러므로
버티며 사는 것은,
그럭저럭 사는 것도,
죽지 못해
사는 것도 아니다.

맹자의 말처럼

하늘이 우리 마음을 괴롭히고,

배를 곯게 하고, 몸을 힘들게 하며

모든 일을 어지럽히는 이유는

이것들을 버텨내는 시간 속에서

약하고 부족했던 힘들이

강화되고 보충되기 때문이다.

이렇게 버티다 보면,

그 버티는 시간 동안 버틸 수 있는 힘이 만들어진다.

또한 그러한 시간 동안 그동안 보지 못했던

많은 것들을 볼 수 있게 된다.

예사롭게 넘겼던 것들이 새롭게 보이고

희미했던 의미들을 확실하게 깨닫는다.

즉, 버티는 시간은 완벽한 통찰을 만들어내는 과정이다.

그러므로 버틴다는 것은,

버티며 사는 것은,

그럭저럭 사는 것도, 죽지 못해 사는 것도 아니다.

우리가 운이 좋은 삶을 경계해야 하는 이유가
바로 이 때문이다.
운이 좋은 사람은 힘든 것을 버텨내는
시간과 기회를 갖지 못한다.
매사가 뜻한 바대로 술술 풀리면
당장은 더 없이 좋다.
하지만 그런 사람은
버텨본 경험이 없기에 작은 돌멩이에도 쉽게 넘어지고
무릎 높이의 난관에도 좌절해버린다.

—

우리는 운이 좋은 사람을 부러워한다.
더불어 나는 운이 없다고 한탄한다.
그 사람은 하는 일마다 잘 풀리는데,
나는 한 걸음 뗄 때마다 장애물이 나타나고
저 사람은 한 번에 쭉 뻗은 길로 가는데,
나만 구불구불한 험한 길을 돌아돌아 가는 것 같다.
뭐 하나 내 뜻대로 되는 게 없고,

내가 세상에서 제일 운이 없는 것 같다.

'일범풍순一帆風順'이란 말이 있다.

바람 부는 방향으로 돛을 달아야

순조롭게 항해할 수 있다는 뜻이다.

우리 인생에는 수많은 바람이 분다.

그 바람이 인생의 모든 악조건이라 할 수 있다.

그렇다면 우리는 돛을 어떤 방향으로 달아야 할까?

당연히 바람이 부는 방향으로 달아야 한다.

그런데 바람의 방향은 살피지 않고

마음대로 돛을 올려놓고

나는 운이 없다며 한탄하고 있는 건 아닌가?

하늘은 나를 골탕먹이기 위해

운을 피해 가게 만들지 않는다.

착하게 산다고 운이 많이 오는 것도 아니고

이기적으로 산다고 운이 안 오는 것도 아니다.

또한 운이 좋다고 최고의 인생을 사는 것도 아니다.

사실 우리는 '운'이 무엇인지

그 정체에 대해 정확하게 알 수도 없다.
따라서 '운'에 큰 의미를 두거나
핑계 삼을 필요는 없다.
역사 속의 지혜로운 이들은 이미 알고 있다.
많은 업적을 남긴 사람들이
모두 운이 좋았던 사람은 아니라는 것을.

그들에게도 또 우리에게도
공평하게 주어진 것은
버틸 수 있는 시간이다.

운이 좋은 사람은
힘든 것을 버텨내는
시간과 기회를
갖지 못한다.
그래서 작은 돌멩이에도
쉽게 넘어지고
무릎 높이의 난관에도
좌절해버린다.

50이라는 물러섬의 공간이

포기를 시작으로 만든다

인생에서 가장 안타까운 것은

나무 한 그루 때문에 숲을 못 보는 것이다.

딸 수 없는 별 하나 때문에 온 하늘을 포기하는 것이다.

좋은 세월 다 보내고 나서야

하나 때문에 전부를 다 잃어버렸다는 사실을 깨닫게 된다.

〈와호장룡臥虎藏龍〉이란 영화에서

이모백李慕白이 사매에게 이런 말을 한다.

"손을 꽉 쥐면 아무것도 가질 수 없지만,

손을 펴면 전부를 가질 수 있단다."

인생에서는 붙잡을 수 없거나
붙잡을 필요가 없는 것들이 아주 많다.
때로는 붙잡아서는 안 되는 것도 있다.
하지만 사람에겐 눈앞에 있는 것을
붙잡고 싶어 하는 속성이 있다.
그래서 붙잡아선 안 되는 것에 힘들게 매달리고
붙잡을 수 없는 것에 미련을 버리지 못한다.
자신이 감당하기 어려운 것,
자신과 맞지 않는 것을
붙잡으려고 하면
몸과 마음이 지치고 피폐해진다.
그런데도 계속 붙잡으려 하는 것은
놓아버릴 용기가 없기 때문이다.

—

옛날에 장원쥐張文擧라는 청년이 있었다.

인생에서는
붙잡을 수 없거나
붙잡을 필요가 없는 것들이
아주 많다.
그런데도 계속
붙잡으려 하는 것은
놓아버릴 용기가
없기 때문이다.

어릴 때부터 작가가 꿈이었기에

그는 매일같이 500자씩 원고지에 글을 썼다.

그렇게 10년간 하루도 빠짐없이 글을 썼지만

그의 꿈은 이루어지지 않았다.

열심히 쓴 원고는 출판사로부터 번번이 퇴짜를 맞았고,

그의 글은 한 번도 책으로 나오지 못했다.

서른을 일 년 앞둔 어느 날,

장원쥐는 출판사로부터 편지 한 통을 받았다.

이번에도 역시 거절의 편지였다.

그런데 출판사 편집장이 보낸 편지에

이런 글이 적혀 있었다.

"열심히 쓰셨다는 것은 인정합니다.

그러나 유감스럽게도 선생의 지식에는

전문성이 결여되어 있고,

인생 경험도 밋밋합니다.

하지만 여러 해 동안 보내주신 원고를 보다가

선생의 글씨체가 정말 좋다는 걸 깨달았습니다.

감탄사가 나올 정도로 훌륭한 글씨입니다."

장원쥐는 편집장의 편지를 읽고 나서 한참 고민에 빠졌다.

오랜 세월 붙잡고 있던 것을

놓아버리기란 쉽지 않은 일이다.

하지만 그는 작가가 자신의 길이 아니라는 걸 깨닫고

그 꿈을 포기하기로 했다.

대신 그 자리에 새로운 꿈을 품었다.

그때부터 그는 글이 아닌 글씨를 연습했고,

나중에 서예가로서 큰 명성을 얻게 되었다.

장원쥐는 자신의 성공에 대해 이렇게 말했다.

"성공하기 위해선

꿈과 용기와 의지라는

3가지 요소가 어우러져야 합니다.

하지만 그보다 더 중요한 것은

선택하는 법과 포기하는 법을 배우는 것입니다."

포기를 모르는 사람과 포기를 아는 사람 중에서

나는 포기를 아는 사람을 높게 평가한다.

포기할 줄 아는 사람은

자신을 객관적으로 볼 수 있는

'얻지 못한 것'을
포기하지 못하는데,
어떻게 다른 하늘을
볼 수 있겠는가?
지나간 것을 놓지 않는데,
어떻게
자유를 얻을 수 있겠는가?

분별력과 용기를 가졌기 때문이다.
장원쥐라고 10년 세월 동안 쏟은 노력과 시간이
아깝지 않았겠는가.
조금만 더 노력하면 되지 않을까 하는
미련이 없었겠는가.
하지만 장원쥐는 버릴 것과 취할 것을
분별할 줄 아는 용기가 있었다.
별만 보느라 하늘을 보지 못했던
자신의 어리석음을
인정할 줄 아는 용기가 있었다.

'얻지 못한 것'을 포기하지 못하는데,
어떻게 다른 하늘을 볼 수 있겠는가?
지나간 것을 놓지 않는데,
어떻게 다시 자유를 얻을 수 있겠는가?

하지만 우리는 그런 용기가 없다.
자신에게 맞지 않는 길에 들어섰을 때도
다시 시작할 용기가 없어

꾸역꾸역 그 길을 간다.
그러면서 마치 의지가 강한 것처럼 스스로를 다독인다.
"이왕 이렇게 된 거 끝까지 가봐야 하지 않겠어?"

우리는 포기의 효용성과 버티기의 효용성을
쉽게 구별하지 못한다.
포기의 효용성은
나와 맞지 않는 길이라는 걸 깨닫고
내게 맞는 길을 다시 찾는 것에 있다.
버티기의 효용성은
내게 맞는 길을 가는 데 있어
불어 닥치는
비바람을 견뎌내는 것이다.

인생의 많은 불행은
소유해야 할 것을 쉽게 버리고
포기해야 할 것에 집착하기 때문에 만들어진다.
살점은 없지만 버리긴 아까운 닭뼈를 쥐고 있다면
그냥 버리는 게 낫다.

포기는
나와 맞지 않는
길이라는 걸 깨닫고
내게 맞는 길을
다시 찾는 것이다.
버티기는
내게 맞는 길을
가는 데 있어 불어 닥치는
비바람을 견뎌내는 것이다.

막다른 골목에 섰다면 포기의 효용성을 생각하라.

인생에 펼쳐지는 풍경이 하나만 있는 것은 아니다.

지나간 풍경이 아쉬워 우울해 하는 동안

나도 모르는 사이 더 아름다운 광경이 스쳐 지나갈 수 있다.

인생을 100으로 보면

포기는 고통일 수 있다.

물러섬의 공간이 없기 때문이다.

그러나 50의 시각에서 보면

포기는 곧 새로운 시작이다.

포기의 효용성을 알면

새 길이 눈에 보인다.

2

얻은 것과
잃은 것이
반반이니
내게
반은
늘 남아있다

내게 잘해주는 사람이 반이면,
가혹하게 구는 사람도 반이다.
나를 도와주는 사람이 반이면,
음해하는 사람도 반이다.
나를 칭찬하는 사람이 반이면,
헐뜯는 사람도 반이다.

즐거움과 괴로움, 복과 화는 언제나 반반이라
얻은 것과 잃은 것이 반반이면
나는 흑자인생이다.

반은 능력이고,

반은 능력을 보여주는 방식이다

인생에서 지켜야 할 가장 중요한 원칙이 있다면

자신이 감당할 수 있는 범위를

넘지 말아야 한다는 것이다.

모자라는 것은 불행일 수 있지만,

과한 것이야말로 더 큰 불행을 가져온다.

사람을 흐르는 물에 비유한다면

인생의 목표는 바다이다.

그런데 물은 섭씨 0도에서 100도 사이에 있어야

물의 본질을 유지할 수 있다.
0도 이하에 있으면 얼어서 얼음이 되고,
100도 이상에 있으면 증발해서 수증기가 된다.
무척 차갑지만 얼음이 아니고
굉장히 뜨겁지만 수증기가 아닌
물의 본질을 유지하고 있어야
바다로 흘러가지 않는다.

—

사람도 물과 같다.
자신의 본질을 지킬 수 있는 범위 안에 있어야
가진 재능와 뜻을 펼치며
자유롭고 행복하게 살 수 있다.

자신이 가진 재주와 다른 것을 추구하고,
능력 이상의 것을 탐하거나
분수에 맞지 않는 욕심을 키워갈 때
가진 재주를 펼치지 못하거나

가진 능력을 인정받지 못하는
불행을 불러온다.

사람도 물처럼 규정된 범위가 있다면 편하겠지만
사람은 물과 달라
정해진 범위가 없다.
또 있다 한들 그 범위가 각자 다를 수밖에 없다.

장자莊子가 산길을 가다 가지가 굵고
잎이 무성한 아주 큰 나무를 보았다.
저 나무를 베어 옷장을 짜면
몇 개는 만들 수 있을 정도로 큰 나무였다.
그런데 벌목공은 그 나무를 베지 않았다.
이상하게 생각되어 장자가 그 이유를 물었다.
그러자 벌목공은 "저 나무는 너무 크고 오래되어
옹이가 많아 쓸모가 없어요."라고 답했다.
장자는 벌목공의 대답을 듣고
감탄하며 이렇게 말했다.
"재목으로 될 만한 나무가 아니라서

너는 운 좋게 천 년을 사는구나."

산에서 내려온 장자는 친구를 찾아갔다.

친구는 장자를 반갑게 맞았다.

그리고 장자를 대접하기 위해

부인에게 닭 한 마리를 잡으라고 말했다.

친구 부인이 물었다.

"여보, 두 마리 중에 한 마리는 울 줄 알고,

한 마리는 울지 못하는데, 어느 닭을 잡을까요?"

친구가 답했다.

"울지 못하는 놈을 잡게나."

친구와 헤어져 집으로 돌아온 장자는

오래된 큰 나무와 울지 못하는 닭의 일화를

제자들에게 들려주었다.

하지만 제자들은,

전혀 상반되는 스승의 이야기에 어리둥절했다.

"스승님, 방금 해주신 이야기는

서로 모순되는 것 같습니다.

잎이 무성하고 가지가 굵은 나무는

재목이 되지 못해서 천 년을 살 수 있었다고 하셨습니다.

우리는
가지고 있는 재주를
무조건 드러내고
싶어 한다.
하지만
홀로 빛나는 재주는
수명이 짧다.

이는 재주가 없었기에 명을 보전한 것이라 보입니다.

반대로 닭은 재주가 없어서

다른 닭보다 빨리 잡아먹혔습니다.

똑같이 재주가 없는데,

어떤 것은 득이 되고, 또 어떤 것은 실이 되었습니다.

그렇다면 재주가 없는 것이 나은 것인지,

있는 것이 나은 것인지

도통 판단이 서지 않습니다.

스승님께선 저희에게 어떤 가르침을 주기 위해

이 이야기를 해주시는 것입니까?"

제자들의 물음에 장자가 웃으며 대답했다.

"이 일화들이 재주의 있고 없음에 따라

명이 갈린 거라고 생각한다면

서로 모순될 수 있을 것이다.

하지만 이렇게 생각해 보거라.

오래된 큰 나무와 울지 못하는 닭의 일화는

재주가 있고 없음보다

그것을 드러내는 때와 방식에 따라

결과가 달라진다는 것이 핵심이다.

만약 그 나무가 쓸 만한 재목이라는 걸 드러냈다면

벌목공에게 벌써 베였을 것이다.

반대로 닭이 우는 재주가 없다는 걸 감췄다면

목숨을 보전했을지 모른다.

이처럼 재주를 드러내어 쓰임을 받을 수도 있지만,

때론 그것 때문에 명을 재촉하는 경우도 많은 것이다."

—

우리는 가지고 있는 재주를

무조건 드러내고 싶어 한다.

자신의 남다름을 인정받기 위해

아직 무르익지 않은 재주라도

무조건 꺼내어 보여주길 즐긴다.

하지만 뛰어난 재주를 가졌다고

모두 행복한 인생을 사는 것은 아니다.

발을 걸어 넘어뜨릴 궁리만 하는 사람들에게

둘러싸여 있다면

그 재주는 곧 불행이 될 수 있다.

홀로 빛나는 재주는 수명이 짧다.

다른 이들의 응원을 받아야 오래도록 빛날 수 있다.

동한 말기에 양수楊修라는 사람이 있었다.

그는 학식이 깊은 문학가이자

지략이 뛰어나서 교활한 영웅, 조조의 책사이기도 했다.

조조에게 유능함을 인정받은 양수는

주로 문서를 관리하고 사무를 보는

주부主簿 자리에 올랐다.

그 정도로 학문과 지략이 뛰어났지만

한 가지 큰 단점이 있었다.

자신의 뛰어난 재능과 능력을

드러내는 방법이 어설퍼

곁에 있는 사람들을 불편하게 한 것이다.

그중에서도 조조의 심기를 자주 건드렸다.

정원 공사를 하던 때의 일이었다.

조조는 기술자들의 머리를 시험하기 위해

설계도에 그려진 문 위에 '활活'자를 써놓았다.

조조는 자신이 낸 수수께끼에

기술자들이 어떤 대답을 할지 기대하며 기다리고 있는데

대뜸 양수가 잘난 척하며 떠들었다.

"승상께서 '활闊'자를 문門 위에 쓰신 것은

정원이 과하게 넓다고 생각하시는 것으로 보입니다.

따라서 규모를 조금 줄이라는 뜻인 것 같습니다."

똑똑한 양수는 조조의 생각을 족집게처럼 읽어냈다.

이 이야기를 듣게 된 조조는

겉으로는 양수의 똑똑함을 칭찬했다.

하지만 양수가 미리 답을 맞히는 바람에

기술자들의 생각을 듣지 못하게 되어

속으론 심히 언짢았다.

또 이런 일도 있었다.

조조는 신하들의 지혜를 시험하기 위해

북방에서 보내온 과자 상자 위에

'일합—合'이라는 글자를 적었다.

눈치 빠른 양수는 글자를 보자마자

조조의 의중을 금방 간파해냈다.

그래서 신하들에게 과자를 나눠주며 이렇게 말했다.

"승상께서 상자 위에 쓰신

'일합—合'이라는 글자를 보았을 것이오.

이는 일인일구—人—口

즉, 한 사람이 한 입이라는 뜻이오.

그러니 승상의 뜻에 따라 한 사람당

과자 하나씩만 나눠주겠소."

신하들은 모두 겉으로는 조조의 뜻을 읽어내는

양수의 뛰어난 혜안에 찬사를 보냈다.

하지만 속마음은 그렇지 않았다.

그리고 양수의 태도를 가장 많이 거슬려 했던 이는 조조였다.

허나 자신의 재주에 취한 양수는

이런 조조의 속마음은 꿈에도 몰랐다.

조조는 의심이 많고 교활한 사람이었다.

그래서 충성을 맹세하는 신하라도 무조건 믿지 않았다.

우리는 언제나
유능함과 무능함의
양 끝
사이에
있어야 한다.

특히 자신과 가까이 있는 사람들에 대해선

의심과 경계를 풀지 않았다.

하지만 그것을 함부로 드러낼 순 없었다.

그러던 중 의심이 가는 하인이 한 명 있었다.

이 하인을 어떻게 처리해야 할지 몰라 고민하다

한 가지 꾀를 내었다.

조조는 자신에게 '꿈에서 사람을 죽이는 병'이 있으니

잘 때는 얼씬도 하지 말라고 하인들에게 일러두었다.

실제로 조조는 암살에 대한 극도의 두려움이 있었다.

얼마 뒤, 이불을 덮어주기 위해

잠자리에 든 조조 곁에 갔던 하인이

죽임을 당하는 사건이 일어났다.

조조의 강박증이 만든 사건이었다.

죽은 이는 조조가 의심을 품고 있던 그 하인이었다.

사태를 수습해야 했던 조조는

무척 놀라는 척하며

자신의 실수로 하인을 죽였다고 몹시 슬퍼했다.

그리고 하인의 장례를 성대하게 치러주었다.

신하들은 꿈에서 사람을 죽이는 조조의 병이 깊어

이런 불상사가 일어났다며 안타까워했다.

하지만 양수는 병이나 실수가 아니라

조조가 일부러 그 하인을 죽였다는 걸 꿰뚫어보고 있었다.

그래서 신하들에게 이렇게 말했다.

"자네들은 승상께서 정말로 꿈을 꾸다가

잠결에 그 하인을 죽였다고 생각하는가.

내가 보기엔 승상이 아니라

자네들이 아직 꿈에서 깨어나지 못한 것 같군."

조조는 고심해서 연출한 자신의 연극을

양수가 밝혀낸 것에 매우 화가 났다.

더 이상 양수가 자신을 방해하는 걸

그대로 보고 있을 수 없었다.

그래서 조조는 양수를 없애기로 결심하고

조용히 적당한 기회가 오기를 기다렸다.

마침 그때 조조의 군대가

촉나라와의 전쟁에서 번번이 지고 있었다.

공격하자니 촉군이 요충지를 다 점령해 버렸고

후퇴하자니 촉군의 비웃음에 사기가 저하될까 염려되었다.

한 마디로 진퇴양난이었다.

시름에 빠진 조조가 저녁을 먹다가

그릇에 담긴 닭뼈를 보고 무심코 한마디 했다.

"계륵鷄肋이군, 계륵!"

신하와 병사들은 조조의 이 말이

무슨 뜻인지 몰라 어리둥절해했다.

그런데 이번에도 또 양수가 나섰다.

"이보시게들, 그리도 눈치가 없는가.

계륵은 먹자니 먹을 게 없고 버리자니 아깝다는 뜻일세.

즉, 승상께서 하신 말의 진의는

지금 공격해도 이기기 힘들고,

퇴각하자니 비웃음을 살 것이 두렵지만,

결국 아무 이득이 없으니

빨리 돌아가는 편이 낫겠다는 것일세.

그러니 빨리 짐을 싸서 퇴각할 준비를 하시게."

안 그래도 심기가 불편한 조조는

양수가 한 말을 듣고 불같이 화를 냈다.

이번에도 자신의 의중을 떠벌리고 다닌 양수를

조조는 더 이상 참을 수 없었다.

결국 조조는 적당한 이유를 들어

양수를 없애 버렸다.

양수가 죽임을 당한 것은
재주가 없어서도 무능해서도 아니다.
자신의 재주를 제대로 드러내는 방법을
알지 못했기 때문이다.
주군의 의중을 빠르고 정확하게 파악했다면
조용히 독대를 청해 자신의 재주를
자신의 것이 아닌 주군의 것으로 만들었어야 했다.
하지만 양수는
자신의 재주를 사람들에게 드러내었을 때
즉시 돌아오는 칭송에 빠져있었다.
능력은 있었으나
능력을 보여주는 방법은 알지 못한 것이다.

—

'스프링'에는 힘을 주면 형태가 바뀌고,
힘을 빼면 원래대로 돌아오는 탄성이 있다.

또한, 탄성을 유지할 수 있는 힘의 한계 내에서는
마음껏 늘리고 줄여도 된다.
하지만 그 한계를 넘어설 때까지 힘을 주면
탄성을 잃고 망가져 버린다.
우리에겐 스프링과 같은 탄성이 필요하지만,
스프링과 같은 한계 또한 필요하다.

우리는 언제나 유능함과 무능함의
양 끝 사이에 있어야 한다.
탄성과 한계, 그 양 끝 사이에 있어야 한다.
유능함 반, 무능함 반.
탄성 반 한계 반.
이것이 '반반'의 지혜다.

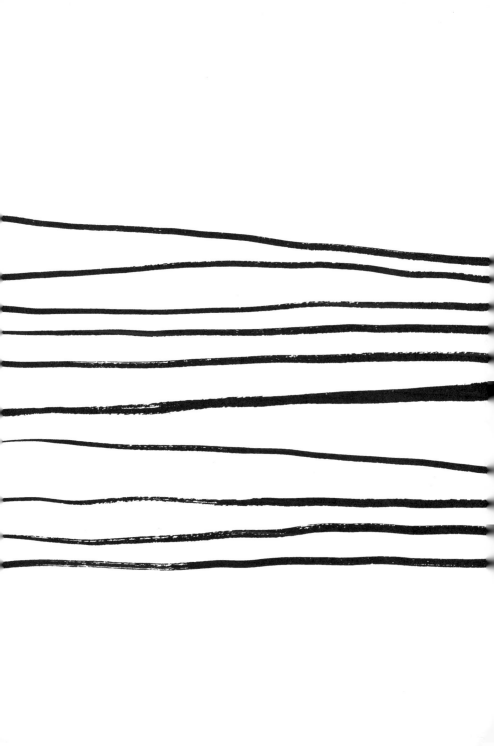

반만 말하고

반은 삼켜라

인생의 불행은 말에서 시작되는 경우가 많다.

또한 이 불행은 스스로 만드는 경우가 대부분이다.

하고 싶은 말을 다 해야 직성이 풀리고,

해야 할 말과 하지 말아야 할 말을 구분하지 못하는 것은

행복보다 불행에 가깝게 서 있는 모양새다.

그래서 반의 지혜를 아는 사람은

굳이 하고 싶은 말을 다 하지 않는다.

떠오르는 생각과 감정을 딱 반만 말한다.

떠오르는 대로 100을 다 쏟아내고 싶다면

해야 할 말보다

하고 싶은 말이 더 많은 경우다.

하지만 하고 싶은 말의 대부분은

정리된 언어가 아니다.

또 하고 싶은 말을 다 하려는 것은

자신의 감정을 있는 그대로 다 드러내겠다는 것과 같다.

그러나 사람은 자신의 감정을 책임질 수 없는 경우가 많다.

—

류진劉瑾은 광저우廣州의 광고회사에서 일하고 있다.

어느 날, 처음 거래하는 상하이上海의 회사를 위해

타당성 보고서를 작성하라는 지시가 내려왔다.

류진은 보고서를 완성해서 그쪽 회사의 담당자인

샤오쟝小江에게 메일로 보냈다.

보고서를 검토한 샤오쟝은 몇 가지 의문점에 대해

류진에게 질문을 해왔다.

그런데 질문의 내용이 해당 업계에서 일하는 사람이라면

당연히 알고 있어야 할 초보적인 것이었다.

질문의 수준을 보니 샤오장의 업무 능력과 경험이

일천하다는 걸

류진은 금방 알아챌 수 있었다.

솔직히 류진은 샤오장을 얕잡아봤다.

그런 마음이 있으면 자연스럽게 말 속에 드러나기 마련이다.

그래서 류진은 별생각 없이 이렇게 말했다.

"샤오장 씨는 회사에 들어온 지 얼마 안 되셨나 봐요?"

이 말을 듣는 순간 샤오장의 감정이 요동쳤다.

노골적인 조롱과 무시가 느껴졌다.

울컥한 샤오장은 참지 못하고 류진에게 욕을 했다.

류진 역시 차분하게 상황을 진정시키지 못했다.

감정을 모두 드러내 맞대응을 했고

결국 두 사람은 전화로 심하게 말싸움을 했다.

이튿날 류진의 사장은 두 사람의 싸움에 대한 보고를 받았다.

내용을 들어보니, 류진의 말실수보다

먼저 욕을 한 샤오장의 잘못이 더 컸다.

그래서 사장은 류진을 크게 나무라지 않았다.

그렇다고 실무자들 사이에서 분란이 일어났는데

가만히 있을 수도 없었다.

사장은 상대 회사의 사장에게 사과 전화를 걸기로 했다.

"사장님께서도 어제 일에 대해 보고를 받으셨을 겁니다.

정말 죄송합니다. 제 직원이 많이 모자랐습니다.

앞으로 이런 일이 없도록 직원 교육을

철저히 시키겠습니다.

부디 마음 넓으신 사장님께서 이해해 주시고

용서해 주시기 바랍니다."

이 전화를 받고 샤오장의 사장은 조금 당황했다.

그쪽 회사 사장도 어제 일에 대해 보고를 받았고,

자기 직원이 잘못했다고 생각했다.

그렇지만 일을 의뢰한 입장에서 체면이 말이 아니었다.

그런 무시를 받고 함께 일하면

회사 이미지만 나빠질 것 같아

적당한 명분을 잡아

상대 회사와의 계약을 취소할 작정이었다.

그런데 상대 쪽 사장이 직접 전화해 먼저 사과하니

더 이상 이 일을 가지고 왈가왈부할 수 없었다.

만약 류진의 사장이 경우를 따지고

인생의 불행은
말에서 시작되는 경우가
많다.
그래서 반의 지혜를
아는 사람은
떠오르는 생각과 감정을
딱 반만 말한다.

잘잘못을 가리려 했다면
이쪽에서도 작정한 대로 대응했겠지만,
한발 물러선 상대의 사과를
받아들이지 않는다면
자기들만 속 좁은 사람들이 되지 않겠는가.
마음을 바꾼 샤오장의 사장은
계속 거래 관계를 유지하기로 했다.

—

비즈니스 관계뿐만 아니라 사적인 관계에서도
새로운 사람을 만나면 자신도 모르게
상대를 판단하고 평가하게 된다.
소위 자신을 기준으로 상대의 '급'을 매기는 것이다.
그런데 그 평가는 객관적이고 합리적이기보단
매우 주관적이고 감정적인 것이기 마련이다.
사실 그런 생각을 가지는 것 자체가 문제가 되진 않는다.
문제는 그것을 밖으로 드러낼 때이다.
상대가 자기보다 급이 낮다고 판단되면

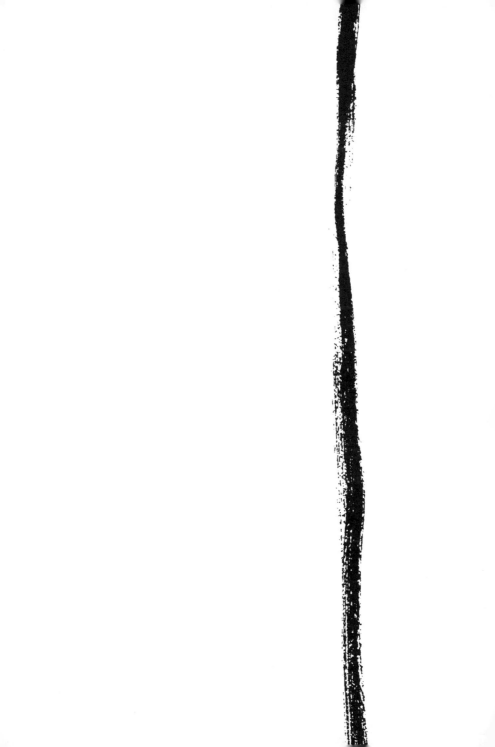

사람의 감정은
상승과 하강을
수시로 오간다.
그래서 우리에겐
감정을 걸러내는
필터링 장치가 필요하다.

얕잡아보거나 무시하는 마음이 은근히 생긴다.

혹시 그런 마음이 들어도 겉으로 드러내지 않으면 괜찮다.

하지만 대부분 말로 드러내는 실수를 범한다.

감정을 걸러내는 필터링보다

자기표현을 더 중요하게 생각하게 된 탓도 있다.

사람의 감정은 늘 평온하지 않다.

상승과 하강을 수시로 오간다.

그래서 우리에겐 감정을 걸러내는 필터링 장치가 필요하다.

그것이 '반반'의 지혜다.

요동치는 감정의 딱 절반만 말로 뱉는

'반반'의 지혜가 필요하다.

어느 날 법력이 높은 스님에게 한 청년이 찾아왔다.

무역회사에 다니는 청년의 고민은

자기표현을 제대로 못하고

말주변이 없다는 거였다.

그런데 이번에 중요한 바이어와 협상을 하여

계약을 따내는 일이 맡겨져

청년은 눈앞이 캄캄했다.

평소 말 잘하기로 이름난 동료도 다루기 힘들다던

까다로운 바이어인데

자기처럼 말주변이 없는 사람이 대응하기엔

벅찬 상대라는 생각만 들었다.

오죽하면 사표를 써야 할까 고민하다

스님을 찾아온 것이다.

"스님, 제가 이 일을 잘 해내려면 말을 잘해야 합니다.

그런데 보시다시피 저는 말주변이 너무 없습니다.

제가 바이어를 설득할 수 있을 정도로

말재주가 늘어날 비법이 없을까요?"

스님은 청년의 고민을 듣고 나서 종이와 지필묵을 꺼냈다.

그리고 종이에 몇 글자를 써서 청년에게 건네주었다.

종이에는 달랑 세 마디가 적혀있었다.

'따뜻한 마음 한 첩,

부드러움 두 봉지,

말 세 조각.'

청년은 스님이 내려준 처방에 고개를 갸우뚱했다.

스님은 아랑곳하지 않고 미소를 지었다.

"그것이면 충분하다네.

50만 말하고 50은 인품에 맡기면 되는 걸세."

청년이 해야 할 말의 최종 목적지는

상대의 마음이다.

그렇다면 스님의 조언대로 '말 세 조각'이면 충분하다.

내 뜻을 상대방이 알아들을 수 있도록

부드럽고 간결하게 전하면 된다.

내 말을 알아듣고 내 뜻에 공감한다면

계약은 쉽게 성사될 것이다.

설령 내 뜻에 공감하지 않더라도

말을 덧붙일 필요는 없다.

내가 말을 덧붙이는 것보다

상대가 생각할 시간을 갖도록 기다리는 게 필요하다.

만약 내 뜻이 제대로 전달되지 않은 거라면

상대는 질문을 해올 것이다.

말을 잘한다는 것은

청산유수처럼 쏟아내는 것이 아니라

군더더기 없는 말을 하는 것이고

다시 주워 담을 필요 없는

말을 하는 것이다.

—

명나라 태조 주원장朱元璋은 가난한 집에서 태어나

자수성가한 인물이다.

그가 황제 자리에 오르자

어렸을 적 고향 풍양風陽에서

함께 발가벗고 뛰놀던 죽마고우가

천릿길을 걸어 남경南京으로 찾아왔다.

주원장을 만난 죽마고우는

감정이 고조되어 큰 소리로 떠들었다.

"아이고, 동생! 황제가 되더니 아주 신수가 훤해졌구먼.

우리 자주 어울려 다녔었는데 기억이 나시는가?

자네의 장난 때문에 내가 대신 두들겨 맞은 적도 있었잖나.

그리고 콩서리 하던 일도 기억나나?

훔친 콩을 낡은 솥에 쪄먹는데

자네가 급한 마음에 덜 익은 콩을 집으려다가

솥을 깨버려서 콩을 다 흘리고 말았지.

참, 이런 일도 있었지.

자네가 급하게 먹다가 목구멍에 콩이 걸려서

죽을 뻔했는데, 내가 꺼내 줬거든,

자네 나 때문에 살아난 거야....

나 아니면 그때 죽어서 황제도 못 되었을걸...

하하하!"

친구는 혼자 신이 나서 어렸을 적 일화를 계속 떠들어댔다.

하지만 그럴수록 주원장의 심기는 점점 불편해졌다.

친구가 없는 말을 지어낸 것도,

자신을 우습게 여기려는 것이

아니라는 것도 잘 알고 있었다.

그러나 이런 이야기는 단 둘이 있을 때

듣고 싶은 이야기지,

많은 사람이 있는 곳에서 듣고 싶은 이야기는 아니었다.

아마도 친구는 황제와 자신이 막역한 사이라는 걸

사람들 앞에서 과시하고 싶었던 모양이었다.

하지만 황제의 권위가 중요했던 주원장으로선

제아무리 죽마고우라도

눈치도 대책도 없는 그의 입을 그냥 두고 볼 순 없었다.

주원장은 적절한 구실을 만들어

그 친구를 궁에서 쫓아냈다.

공자는 말할 때 세 가지를 지키라고 조언했다.

"말할 때가 아닌데 말하면 성급한 것이오.

(言未及之而言, 謂之躁)

말해야 할 때 하지 않으면 숨기는 것이라.

(言及之而不言, 謂之隱)

상대의 안색을 보지 않고 말하면 눈이 먼 것이다.

(未見顔色而言, 謂之瞽)"

만약 주원장의 친구가 공자의 조언을 지켰더라면

친구로부터 배척당하진 않았을 것이다.
그런데 공자의 조언을 못 지키는 건
주원장의 친구만이 아니라,
우리 역시 마찬가지다.
절름발이에게 다리가 짧다고 말하지 말고,
뚱보에게 살쪘다고 말하지 말며,
추녀에게 못생겼다는 말을 하지 말라는
옛사람들의 지혜는 그냥 만들어진 게 아니다.

말할 때가 아닌데 말하면
성급한 것이오.
말해야 할 때 하지 않으면
숨기는 것이라.
상대의 안색을
보지 않고 말하면
눈이 먼 것이다.

'반반'의 시각에서

포기는 능력이다

인생은 수많은 선택의 총합이다.

그것은 곧 수많은 포기의 총합이라고도 할 수 있다.

하나를 선택하면

나머지는 포기해야 하기 때문이다.

이처럼 선택과 포기는 동전의 앞뒷면과 같다.

하지만 우리는 이것을 쉽게 받아들이지 못한다.

포기하지 않으면 이기는 것이고

포기하면 지는 것이라고 생각한다.

그러나 '물고기와 곰 발바닥을 동시에 얻지 못한다.'라는
속담처럼
사냥꾼은 각기 다른 방향으로 달리는 두 짐승을
동시에 쫓을 수 없다.
아무리 열심히 쫓아봤자 힘만 들 뿐,
결국은 둘 다 놓치고 만다.

버리고 남는 것이 '반반'이기에,
하나를 잡으면
하나는 버릴 줄 아는 것이 '반반'의 지혜다.
포기할 줄 안다는 것은
또 하나의 능력이다.
포기를 안다는 것은
내게 필요한 것을 선택할 줄 안다는 뜻이다.

—

한 여성이 있었다.
그녀는 자신의 꿈을 이루기 위해

정말 독하게 공부했다.

그녀의 꿈은 대학을 졸업하고

해외유학을 갔다 와서 대기업에 취직하는 것이었다.

노력만 하면 충분히 이룰 수 있는 현실적인 꿈이었고

그녀는 졸업 후 원하던 회사에 입사하는 행운을 얻었다.

하지만 이상하게도 기쁘지도, 만족스럽지도 않았다.

오히려 이유 모를 허무함과 우울함이 밀려왔다.

그러던 중 국비 유학의 기회가 찾아왔다.

평소 동경하던 대학에서 돈 걱정 없이

하고 싶은 공부를 마음껏 할 수 있는 절호의 기회였다.

하지만 유학을 선택하면 회사에 사표를 내야 했다.

그녀는 무엇을 선택해야 할지 몰라 갈팡질팡했다.

마음은 시시때때로 바뀌고

어젯밤엔 결정했다가도

다음 날 아침이 되면 철회하기를 수없이 반복했다.

사실 그녀의 진짜 마음은

둘 다 가지고 싶다는 것이었다.

옆에서 지켜보던 어머니는 이런 딸의 마음을

포기할 줄
안다는 것은
또 하나의 능력이다.
포기를 안다는 것은
내게 필요한 것을
선택할 줄
안다는 뜻이다.

잘 알고 있었다.

하지만 섣불리 딸의 고민에 개입할 수 없었다.

딸을 도와줄 방법을 고민하던 어머니는

어느 날 딸을 위한 진수성찬을 마련했다.

어머니는 딸이 가장 좋아하는 쏸차이위酸菜鱼(삭힌 배추를 넣어 끓인

생선 요리)를 덜어주기 위해

젓가락으로 음식을 집어 들었다.

그런데 어머니는 젓가락으로 쏸차이위를 집어 든 채

고민에 빠진 듯 미간을 찌푸렸다.

어머니의 행동이 의아해서 딸이 물었다.

"엄마, 왜 그러고 계세요?"

어머니는 커우수이지口水雞(닭에 칠리소스를 넣어 끓인 요리) 접시와

젓가락으로 집고 있는 쏸차이위를 번갈아 보며 말했다.

"우리 딸한테 커우수이지도 주고 싶은데,

지금 쏸차이위를 집고 있어서 줄 수가 없네."

딸은 어머니가 장난을 친다고 생각했다.

그래서 웃으며 말했다.

"엄마, 쏸차이위를 접시에 내려놓고

커우수이지를 집으면 되잖아요."

어머니는 딸을 잠시 쳐다본 후 고개를 끄덕였다.

"그래, 네 말이 맞아.

다른 걸 잡고 싶으면 손이 쥐고 있는 걸 먼저 내려놔야지."

그리고 젓가락으로 집고 있는 쏸차이위를

딸의 접시에 내려놓고 나서

다시 젓가락으로 커우수이지를 집었다.

"이렇게 말이야."

그제야 딸은 어머니의 이상한 행동이

깨달음을 주기 위한 것임을 알아챘다.

"엄마는 내게 둘 중 하나를

빨리 선택하라고 말씀하시고 싶은 건가요?"

"애야, 엄마가 걱정하는 건

네가 아무것도 포기하지 않으려고 하는 거야.

무언가를 포기하지 않으면

아무것도 선택하지 못한단다.

조금 전처럼 쏸차이위를 접시에 내려놓아야

커우수이지를 집을 수 있는 것처럼 말이야.

옳은 선택을 한다는 것은 포기를 잘했다는 뜻이야.

옳은 선택을 한다는 것은
포기를 잘했다는 뜻이야.
물론
잘못된 선택을 했다면
후회할 수도 있어.
하지만 선택도 포기도
하지 않으면
후회할 자격도
없어지는 거란다.

물론 잘못된 선택을 했다면

잘못된 포기를 했다는 뜻이기도 하지.

그래서 후회할 수도 있어.

하지만 선택도 포기도 하지 않고 양손에 들고만 있으면

후회할 자격도 없어지는 거란다."

어머니의 조언을 듣고 나서

딸은 그동안 갈팡질팡했던 이유를 깨달았다.

자신에게 더 필요한 것이 무엇인지 생각하기보다

둘 다 놓치려 하지 않는 마음 때문이었다.

결국 딸은 직장을 포기하기로 했다.

그리고 유학을 떠나서 3년 뒤에

많은 성과를 가지고 돌아왔다.

자신이 어떤 사람인지는

중대한 선택의 갈림길에 서봐야 알 수 있다.

자신이 선택한 것을 보면,

내가 무엇을 지향하고 중요하게 여기는지 알 수 있다.

반대로 내가 포기한 것을 보면

내 삶의 우선순위와 세상에 대한 가치관을 알 수 있다.

포기하는 법을 배워야 큰 걸음으로 나가갈 수 있다.

선택과 포기의 과정 속에서

자신의 정체성을 확인할 수 있고,

우리는 이러한 반복을 통해 성장하게 된다.

똑똑한 사냥꾼이 원숭이를 잡기 위해

특별한 함정을 고안해 냈다.

원숭이들이 잘 노는 바위 근처에

원숭이 손이 들어갈 만한 작은 구멍을 파서

그 안에 땅콩을 넣어두었다.

원숭이가 구멍에 손을 넣어 땅콩을 잡으면

다시 뺄 수 없을 만큼 작은 구멍이었다.

원숭이가 손에 쥔 땅콩을 놓지 않으면

꼼짝 못 하고 사냥꾼에게 잡히고 말 것이다.

하지만 원숭이는 손에 쥔 땅콩을 포기해야

사냥꾼의 함정에서 벗어날 수 있다는 걸 몰랐다.

오래된 지혜 중에는

자신이
어떤 사람인지는
중대한 선택의 갈림길에
서봐야 알 수 있다.
그때 내 삶의
우선순위와
세상에 대한 가치관을
알 수 있다.

두 가지 나쁜 결과 중엔 가벼운 쪽을 택하고,
두 가지 좋은 결과 중엔 무거운 쪽을 택하라는 말이 있다.
우리 역시 원숭이와 같은 경우에 처할 때가 있다.
손에 쥔 무언가를 버려야만 살 수 있고,
무엇이든 하나를 포기해야만 생존하는 순간이 온다.
그래서 포기는 자연의 규칙이자, 생존의 방식이다.

반의 지혜가
평상심을 지킨다

러시아 철학자 체르니셰프스키Chernyshevsky는
이렇게 말했다.
"태양조차도 흑점이 있는데
인간의 인생에 결함이 없을 수는 없다."

지구 반쪽이 달빛을 받을 때
나머지 반쪽은 어둠에 가려져 있다.
해바라기의 반에 태양이 비칠 때

나머지 반에는 늘 그림자가 드리운다.
이 세상은 불완전한 것이기에
무엇이든 온전히 '하나'이거나
항상 '100'인 것은 없다.

인생을 바다에 많이 비유하는 이유는
고통, 불안, 역경, 슬픔, 분노의 파도가
끊임없이 밀려오기 때문이다.
우리가 최선의 인생을 살기 위해선
그러한 파도에 떠밀려가지 않아야 한다.
파도에 휩쓸리지 않는 단 하나의 방법은
평상심을 지켜내는 것이다.

좋은 상황일 때도 평상심이 필요할 수 있지만
내가 예측하지 못한 상황에 닥쳤을 때는
특히 더 필요하다.
그러나 내 감정이 요동치는 순간이 오면
평상심을 붙들고 있는다는 게 여간 힘든 일이 아니다.

서예가 위유런於右任의 글씨는

당대에 모르는 사람이 없을 정도로 유명했다.

식당에서 위유런이 직접 쓰지 않은 모조품을

간판으로 내걸고,

위유런의 글씨라고 홍보할 정도였다.

위유런의 명성을 이용해 손님을 끌기 위해서였다.

위유런의 제자가 그 식당 중의 한 곳에 갔다가

스승의 모조품을 보고 깜짝 놀랐다.

제자는 몹시 분개하여 당장 스승에게 이 사실을 알렸다.

"스승님, 지금 저잣거리에는 스승님이 쓰지도 않은

가짜 글씨를 당당하게 간판으로 걸어놓은

식당들이 부지기수입니다.

도저히 눈 뜨고 볼 수 없는 수준의 글씨를

스승님이 직접 써준 글이라고 거짓말을 하고 있습니다.

이는, 스승님의 명성에 먹칠을 하는 것입니다.

이대로 두고 보서서는 안 됩니다.

당장 가서서 그자들을 혼내서야 합니다."

제자 말을 듣고 보니 위유런도

그냥 넘길 일이 아니라는 생각이 들었다.

"자네가 갔던 그 식당 이름이 무엇이더냐?"

제자가 대답했다.

"자장면을 잘하는 집으로

'베이징 자장면'이라고 합니다."

위유런이 고개를 끄덕이고는 잠시 생각에 빠졌다.

잠자코 있는 스승의 모습에 제자가 조급해졌다.

"스승님께서 직접 나서기 어려우시면

제가 바로 달려가서 간판을 내리도록 하겠습니다!"

제자는 말을 마치자마자 밖으로 뛰쳐나가려고 했다.

위유런은 제자를 만류하며 잠깐 기다리라고 했다.

그리고 서재로 들어가서 화선지를 꺼내고 붓을 들었다.

몇 자를 적은 뒤 위유런은 제자에게 화선지를 건네며 말했다.

"이걸 식당 주인에게 전해주거라."

제자는 화선지에 쓰인 글자를 보고 당황했다.

화선지에는 '베이징 자장면'이라는 글씨가 적혀 있었다.

이게 무슨 뜻인지 몰라서 놀란 눈으로 보는 제자를 향해

위유런은 웃으며 말했다.

"가짜 글씨를 간판에 쓸 정도로

내 필체가 인정받는다는 뜻이 아닌가.
그런데 모조품 수준이 너무 떨어지면
내가 쓴 글씨가 아니라는 걸 모르는 이들은
내 필체가 진짜로 그렇다고 생각할 터.
내 글씨는 내가 직접 지켜야 하지 않겠는가!"
보통 사람이라면 대노해서 당장 쫓아가도
하나도 이상하지 않을 상황이었다.
그러나 위유런은 화의 물결에 휩쓸리지 않고
마음의 평정을 지켰다.
문제를 현명하게 해결할 수 있는 지혜는
언제나 마음의 평정에서 비롯된다.

감정의 파도를 타지 않는 스승의 평상심에
제자는 깊은 감동을 받았다.
제자는 즉시 식당으로 달려가서
주인에게 위유런이 써 준 글씨와 그의 뜻을 전했다.
제자의 말을 들은 식당 주인은
위유런의 큰 그릇에 탄복하며 진심으로 사죄했다.
그리고 얼른 가짜 글씨를 내리고

지구 반쪽이
달빛을 받을 때
나머지 반쪽은
어둠에 가려져 있다.
무엇이든
온전히 '하나'이거나
항상 '100'인 것은 없다.

사람들은 언제나
이기길 원한다.
하지만 무패의 기록을
이어가는 사람이라도
언젠가는
지는 순간이 닥쳐온다.

위유런이 써준 진짜 글씨를 간판에 걸었다.

이 일화를 전해들은 사람들은 모두

보통 사람과는 다른 위유런의 인품에 감탄했다.

그리고 위유런의 글씨가 왜 특별한가를 알게 되었다.

사람을 감동시키는 위대한 글씨는

단지 오래 수련한 재주가 아니라

서예가의 잘 정돈된 마음에서 비롯된다는 걸

깨닫게 되는 계기였다.

—

중국의 시인, 소동파蘇東坡의 〈관기觀棋〉라는 시에

이런 구절이 있다.

"이겨도 좋고 져도 기쁘다勝固欣然, 敗亦可喜)."

사람들은 언제나 이기길 원한다.

그래서 큰일이든 작은 일이든 이기려고 애쓴다.

하지만 인생은 이기기만 할 수는 없다.

아무리 연전연승, 무패의 기록을 이어가는 사람이라도

언젠가는 지는 순간이 닥쳐온다.

인생의 승패를 따져보면
이기는 것 반, 지는 것 반이다.
그때는 이긴 줄 알았는데,
지나고 보니 이긴 게 아닌 경우가 많다.
반대로 그때는 진 줄 알았는데,
그것이 전화위복이 되는 일도 많다.

우리가 아무리 늘 이기려고 애써도
이기고 지는 것은 결국 반반이다.
그래서 졌을 때가 이겼을 때보다 더 중요하다.
졌을 때 우리는 마음의 평정을 잃고
자신을 더 나쁜 상황으로 몰아갈 수 있기 때문이다.
평상심을 지키면
우리도 소동파처럼
지는 순간에도 기쁠 수 있다.

우리가 아무리
늘 이기려고 애써도
이기고 지는 것은
결국 반반이다.
그래서 졌을 때가
이겼을 때보다 더 중요하다.

'반반' 인생이라면

후퇴는 반전으로 가는 길이다

'육금고종欲擒故縱'이란

상대를 잡기 위해 일부러 풀어준다는 뜻이다.

잡기 위해(擒) 풀어준다는 것이(縱)

모순된 것처럼 보인다.

하지만 잡는 것(擒)은 목표요,

풀어주는 것(縱)은 방법이다.

풀어주는 것(縱)은 적절할 때 물러나는 것을 의미한다.

그런데 우리는 언제나 '전진'만을 원한다.

전진은 발전이고, 진보이고, 이기는 것이라 생각한다.
후진은 후퇴이고, 퇴보이고, 지는 것이라 여긴다.
하지만 차를 주차할 때
전진과 후진의 과정이 함께 필요한 것처럼
인생에도 두 가지가 다 필요하다.

때로는 한 발 전진하기 위해
뒤로 세 발을 물러나야 한다.
우리가 아무리 앞으로 나가기만을 원해도
인생에는 전진하는 것과
후퇴하는 것이 반반이다.

따라서 후퇴하는 것 자체를 억지로 거부할 필요는 없다.
중요한 건 후퇴가 아니라
언제 어떤 방식으로 하느냐이다.

—

춘추시대 초楚나라 장왕莊王은

때로는
한 발 전진하기 위해
뒤로 세 발을
물러나야 한다.
우리가 아무리 앞으로
나가기만을 원해도
인생에는
전진과 후퇴가
반반이다.

세력을 넓히기 위해 용庸나라를 공격했다.

하지만 용나라가 사력을 다해 저항했기에

더는 진격할 수 없었다.

진퇴양난에 빠진 상황에서 설상가상으로

중요한 장수인 양창楊窓 장군마저 포로로 잡혔다.

다행히 사흘 뒤 양찬 장군은 적이 방심한 틈을 타

도망쳐 진지로 돌아왔다.

양창 장군은 초나라 장왕에게 용나라의 상황을 전했다.

"용국 병사의 기세가 대단합니다.

사병을 더 모으지 않으면 승리하기 어려울 듯합니다."

그 말을 듣고 사숙師叔 장군은

퇴각하는 척 적을 속여서

다시 공격하자는 계책을 내놓았다.

사숙은 병사를 거느리고 공격에 나섰다.

그리고 버티지 못하는 척하며 후퇴했다.

이런 상황이 일곱 번이나 반복되었다.

잇따라 일곱 번의 승리를 맛본

용나라 군대는 거만해지기 시작했다.

초나라 군대를 얕잡아보면서 경계도 느슨해졌다

그 사이 초장왕은 병사를 증원시켰다.

마침내 대공세의 준비가 갖춰졌다.

사숙은 장왕에게 공격 명령을 내려주기를 고했다.

"우리 군이 일곱 차례나 후퇴하는 척해서

용나라 군대가 기고만장해 있습니다.

지금이 대대적인 공세를 펴부을 적기입니다."

장왕은 사숙의 뜻에 따라

병사를 둘로 나눠 공격할 것을 지시했다.

승리에 취해 나태해져 있던 용나라 군대는

초나라의 대군이 급습할 거라고 상상도 못 하고 있었다.

황급히 전열을 가다듬고 대항하려 했지만,

초나라의 공격을 막아내기엔 역부족이었다.

결국 일곱 번의 승리에 취해 있던 용나라는

단 한 번의 공격에 완전히 무너지고 말았다.

전쟁에선 무리한 공격보다 전략적 후퇴가

더 필요한 때가 있다.

아무 때나 사즉생生卽死의 각오로 돌격 앞으로만

외치는 건 위험하고 어리석은 짓이다.

때로는 그 자리에서 관망하거나
한발 물러서서 힘을 비축해야 한다.
초나라는 한발 물러서서 좋은 기회를 기다렸고,
공격의 시기가 왔을 때 용감하게 밀어붙여
마침내 승리를 거두었다.

호랑이 사냥꾼은 절대로 호랑이와
몸으로 맞서 싸우지 않는다.
그런 무모한 용맹을 부리지 않는다.
대신 호랑이의 거친 공격을 요리조리 피해 다닐 뿐이다.
옆에서 보기엔 줄행랑을 치는 겁쟁이로 보일 수 있다.
하지만 호랑이를 잡는 방법은
호랑이가 힘이 빠질 때까지 열심히 도망치는 것이다.
그러다가 호랑이가 힘이 빠졌다고 판단되는 타이밍에
치명타를 날려야 한다.
축구나 농구 시합 또한 다르지 않다.
공격 찬스를 만들기 위해
공을 계속 뒤로 패스해야 할 때가 있다.
그러다 좋은 슛 찬스가 왔다 싶으면 골대를 향해

호랑이를 잡는 방법은
호랑이가
힘이 빠질 때까지
열심히 도망치는 것이다.
그러다가 호랑이가
힘이 빠졌다고 판단되는
타이밍에
치명타를 날려야 한다.

최선의 인생이
전진 반, 후퇴 반이
되어야 맞는
'반반'의 지혜를 아는
사람이라면
후퇴란 반전을 향해 가는
길일 뿐이다.

방향을 바꾼다.

주차할 때도 마찬가지다.

아무리 운전 실력이 좋은 사람도

전진만으론 차를 댈 수 없다.

조금 앞으로 전진했다가

조금 뒤로 후진해서 다시 앞으로 전진해야

차를 똑바로 댈 수 있다.

이처럼 전진의 과정 속엔

후진의 과정이 반드시 포함된다.

인생의 100이 전진으로 채워질 수 있다고

생각하는 사람들에겐

후퇴는 곧 실패이고, 그래서 억울할 뿐이다.

왜냐하면 그런 후퇴는 어쩔 수 없어

하는 것이기 때문이다.

하지만 최선의 인생이 전진 반, 후퇴 반이 되어야 맞는

'반반'의 지혜를 아는 사람이라면

후퇴란 반전을 향해 가는 길일 뿐이다.

반은 밀고

반은 당겨라

'문왕은 밀고 무왕은 당긴다.'라는 고사가 있다.

문왕은 관대한 통치를 했고

무왕은 엄격한 통치를 했다는 뜻이다.

이 고사를 우리 삶에도 유용하게 적용할 수 있다.

특히 대화에 적용하면 쓸모가 많다.

대화를 잘한다는 것은,

반은 밀고 반은 당길 줄 아는 능력이 있다는 뜻이다.

밀 때는 내가 말을 해야 하는 타이밍이고,

당길 때는 내가 침묵해야 하는 타이밍이다.
하지만 우리는 대체로 이 타이밍을 기억하려 하지 않는다.
미는 쪽에만 관심을 두고
당기는 쪽에는 관심을 두지 않는다.
내 말을 하기에도 바쁘기 때문에
상대에게 말할 기회를 주지 못한다.

—

홍보회사에서 일하는 궈카이郭凱는
학벌 좋고 외국어에 능통한 똑똑한 사람이었다.
하지만 그에게 치명적인 단점이 있었으니,
바로 다른 사람의 말을 경청할 줄 모른다는 것이었다.
그는 남의 말에 불쑥 끼어들어 대화를 끊거나
때와 장소를 가리지 못하는 말을 하는 등
시쳇말로 진상짓을 잘했다.
그래서 동료들은 꼭 필요한 업무가 아니면
궈카이와 엮이는 일을 피했고,
보안 유지가 필요한 회의라면

가급적 그를 빼놓고 했다.

어느 날, 신제품 콘셉트에 대한 회의가 있었다.

열띤 토론을 벌이고 있는데

궈카이가 불쑥 끼어들어 동료의 말을 끊었다.

"제가 조금 전에 고객이랑 협상을 하다가

푸룽芙蓉(2005년 중국 인터넷을 강타한 사이버 스타)에

대한 얘기를 들었어요.

그 고객이 푸룽의 뒷이야기를 엄청 많이 알고 있더라니까요.

나는 그때 미국 유학을 가 있을 때라 자세히 몰랐거든요.

지금 들으니까 소문이 다 진짜던데요."

동료들은 말을 멈추고

어이없는 표정으로 궈카이를 쳐다봤다.

하지만 궈카이는 아랑곳하지 않고 혼자 신나게 떠들었다.

궈카이 때문에 토론의 흐름은 끊겨버렸고,

회의 분위기는 산만해졌다.

동료들은 모두 황당한 얼굴로 궈카이만 남겨두고

회의실에서 나가버렸다.

상하이에서 가장 오래된 무역회사에 근무하는,

빅토리 먀오뮤는

회사에서 인정하는 협상전문가이다.

까다로운 상대가 나오거나 어려운 협상이 있으면

모두 먀오에게 맡길 정도였다.

그녀가 맡으면 완전히 틀어진 거래도

순조롭게 성사되었다.

이렇게 뛰어난 협상능력 덕분에 그녀는

말단 직원에서 시작해

중역의 자리에까지 올랐다.

그렇다고 그녀가 언변이 뛰어난 건 아니었다.

그런데도 먀오가 협상 테이블에 앉으면

까다로운 상대도 웃으며 계약서에 사인을 했다.

모두 먀오의 협상 비결을 궁금해했다.

주변 사람들이 비결을 가르쳐달라고 하면

먀오는 늘 같은 대답을 했다.

"딱히 협상의 비결이라고 할 만한 건 없어요.

저는 우리 쪽의 조건을 제시하고 나서

아무 말도 하지 않아요.

대화를 잘한다는 것은,
반은 밀고
반은 당길 줄 아는
능력이 있다는 뜻이다.
밀 때는
내가 말을 하는 타이밍이고,
당길 때는
내가 침묵하는 타이밍이다.

상대의 반응이 나올 때까지 잠자코 기다리죠."
대단한 비결을 기대했던 사람들은
그녀의 대답에 내심 실망했다.
자신만의 비결이 따로 있지만
털어놓진 않는다고 생각했다.
이처럼 시큰둥한 반응 속에는
말을 근사하게 할 줄 아는 쪽이
협상의 주도권을 갖는다는
고정관념이 자리 잡고 있었다.
그래서 먀오는 자신의 일화 하나를
이야기하기로 했다.

새로운 거래처 중에 아주 까다로운 회사가 있었다.
거래 물량이 많은 데다
협상 상대가 까다롭기로 소문난 곳이라서
아무리 먀오라도 계약 성사를 장담할 수 없었다.
몇 마디 인사말을 나누고
곧바로 본론으로 들어갔다.
상대편 협상 대표는

가격을 20% 내려달라고 요구했다.

먀오의 회사로서는

받아들이기 힘든 무리한 요구였다.

먀오는 아무 말도 하지 않고 가만히 침묵을 지켰다.

먀오의 침묵에 부담을 느꼈는지

상대편에서 먼저 또 다른 제안을 해왔다.

"그러면 1,000개를 더 주문할 테니 20%를 깎아주시오."

이번에도 먀오는 가타부타 아무 말 없이 침묵을 지켰다.

그런데 상대편은 먀오의 침묵을 거절의 뜻으로 판단했다.

상대 쪽도 계약이 성사되기를 바라고 있었기에

요구 조건을 좀 더 낮추기로 결정했다.

그래서 가격의 10%를 인하하는 대신

거래 물량은 원래보다 두 배를 늘리는 조건으로

계약이 성사되었다.

이 협상에서 먀오가 한 일은

자신의 말을 아끼고

상대편에게 말할 기회를 많이 준 것밖에 없었다.

그 점이 상대편에선 자신들이 존중받는다고

생각하게 만들었다.

협상의 주도권이 자신들에게 있다고 생각했기에

스스로 요구 조건을 낮춰줄 수 있었다.

만약 먀오가 조건을 가지고 실랑이를 벌였다면

상대도 지지 않으려고

자신의 입장을 고수했을 것이다.

하지만 먀오는 회사가 정한 조건이 될 때까지

침묵을 지켰고,

그것이 상대편에겐

자신들이 협상을 주도한다는 의미로 받아들여졌다.

그래서 상대는 이 협상에 매우 만족해했고,

먀오를 괜찮은 파트너라 평가했다.

먀오는 자신의 비결 아닌 비결을 다시 한 번 설명했다.

"상대가 제시할 요구조건의 마지노선이 얼마인지 모르고

우리의 요구조건을 받아들일 수 있는 한계점을 모를 땐

그냥 입을 다물고 상대가 먼저 입을 열 때까지

기다리는 게 최선입니다."

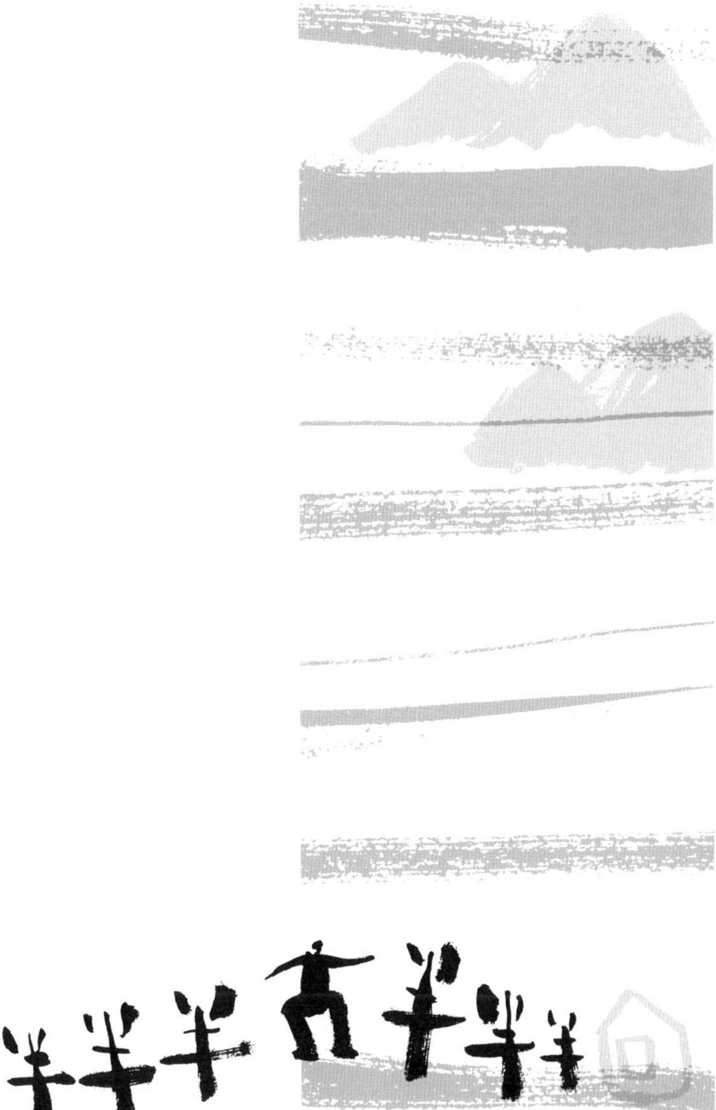

대화에 있어
침묵은
또 다른 언어다.
대화 도중 적절할 때
침묵할 줄 알면
말하고 듣는 리듬을
조절할 수 있다.

대화에 있어 침묵은 또 다른 언어다.

대화 도중 적절할 때 침묵할 줄 알면

말하고 듣는 리듬을 조절할 수 있다.

대화에서 침묵은 수학의 '0'과 같은 역할을 한다.

언제나 '제로'에서 다시 시작하듯

침묵은 흐트러진 대화의 흐름을 바꿔주고

새로운 에너지를 가지고 온다.

반은 밀고 반은 당기는 최선의 대화법을 위해선

침묵의 역할이 꼭 필요하다.

'반반'의 지혜는

디테일이다

우리가 흔히 '저 사람은 성공한 사람이야'라고 말할 때는
대부분 원대한 목표를 가지고
남들이 하지 못한 '큰 일'을 해낸 사람을 발견했을 때이다.
그리고 우리는 삶에 있어 '큰 일'과 '작은 일'이
엄격히 나누어져 있다고 생각한다.
이를테면 거시적 전망이나 전략을 세우는 일을
'큰 일'이라 칭할 수 있다.
그러나 실제로 성공한 사람들을 만나

인터뷰해 보면 그들의 증언은 그렇지 않다.
큰 일과 작은 일은 결코 분리된 것이 아니며,
큰 일과 작은 일의 비율을 반반으로 놓는 것이
성공적 삶을 이뤄낸 탁월한 방식임을 알 수 있다.

—

어떤 원대한 목표가 실현되기 위해선
온갖 자질구레하고 소소한 전략과 계획의 퍼즐이
유기적으로 맞춰져야 한다.
그래서 성공한 사람들은
거시적 안목으로 '큰 그림'을 그릴 줄 알며,
또 그만큼 사소해 보이는 요소 또한
놓치지 않고 챙기는 '반반'의 능력을 지녔다.
그리고 그런 사람을 우리는 '디테일이 강하다'라고 평한다.
왜냐하면 세상은 큰 일의 덩어리가 아니라
사소하고 자질구레한 일의 유기체이기 때문이다.
그래서 우리는 사소한 부분이 운명을 결정했다거나
사소한 행동으로 그 사람의 진면목을 드러내는 사례들을

많이 만날 수 있다.

올해 마흔두 살인 가오챵高強은
글로벌 기업의 중국 지사장이다.
지사지만 아시아권을 총괄하는 규모라 직원도 많았고
시장점유율도 높았다.
가오챵이 아직 젊은 나이임에도
지사장 자리에 오를 수 있었던 건
출중한 능력과 리더십 외에도 남다른 강점 덕분이었다.
중국 지사에 근무하는 직원의 수는 천 명이 넘었다.
그런데 가오챵은 모든 직원의 이름을 다 알고 있었다.
이름뿐만 아니라 각 직원의 업무내용과
대략적인 개인 사정까지 파악하고 있었다.

사실 사장이 말단 직원들의 이름까지 알 필요는 없다.
어쩌면 별로 중요하지 않은 사소한 일일 수도 있다.
사장이 직원 이름을 모른다고 일을 하지 않는 건
아닐 테니까.
하지만 가오챵은 그렇게 생각하지 않았다.

자신이 지사장으로서 큰 성과를 내려면
우선 직원들이 성과를 내줘야 한다고 생각했으며
그 성과는 직원들의 자존감에서부터
시작된다고 믿었다.
그리고 리더인 자신이 직원들의 이름을
정확하게 불러주는 것이
직원들의 자존감 충족에 꼭 필요한 요소라고 생각했다.

어느 평일 저녁 9시쯤,
가오챵은 중국 지사를 시찰하러 온 본사 사장과 함께
자료를 가지러 회사에 잠깐 들렀다.
일을 마치고 호텔로 돌아가기 위해 엘리베이터를 탔는데
영업부 직원이 어떤 여성과 함께 타고 있었다.
함께 엘리베이터를 타고 내려가는 동안,
어색한 기류가 흘렀다.
특히 영업부 직원은 긴장한 듯 표정이 굳어 있었다.
가오챵이 영업부 직원에게 말을 걸었다.
"쉬젠許劍, 오늘 야근했나 봐요?
지금 하고 있는 프로젝트는 잘 되어갑니까?"

큰 일과 작은 일은
결코 분리된 것이 아니며,
큰 일과 작은 일의 비율을
'반반'으로 놓을 때
성공적 삶에 다가갈 수 있다.

쉬젠이라고 불린 직원은 깜짝 놀라서 3초 정도 굳어 있다가
잘 되고 있다고 간신히 대답했다.
쉬젠은 사장이 자기 이름을 아는 데다
자신이 맡은 프로젝트까지 알고 있을 거라곤 상상도 못 했다.
놀라기도 했지만 뭔가 감격스러웠다.
다음 날 아침, 출근한 가오챵은
어젯밤 늦게 온 이메일을 열어보았다.
쉬젠이 보낸 메일이었다.

"사장님, 오늘 정말 감사했습니다.
엘리베이터에 같이 있던 그 여자분을
제가 무척 좋아하지만,
아직 정식으로 사귀는 사이는 아닙니다.
그런데 사장님 같은 분이 제 이름을 기억하고
제 업무 상황까지 물어봐 주시는 걸 보고
그 여자분이 저를 보는 눈이 달라졌습니다.
회사로부터 인정받는 능력 있는 사람으로
생각해 주더군요.
사장님 덕분에 그 여자분과의 관계에

좋은 전환점이 생긴 것 같습니다.

정말 감사합니다.”

사실 어제 본사 사장도 가오챵이

말단 직원의 이름까지 기억하는 걸 보고

가오챵에 대해 다시 인식하게 되었다.

그 많은 직원의 이름을 다 기억하고 있다면

더 큰 회사 업무에 대해서는 얼마나 잘 알고 있겠는가.

그 일로 본사 사장은 가오챵을 더욱 신뢰하게 되었다.

《삼국지三國志》는 제갈량에 대해 이렇게 말한다.

하급 관료였던 제갈량이 국가를 다스리는

승상의 자리에 오를 수 있었던 이유는

작은 일을 아주 꼼꼼하고 정확하게 처리하려는

태도 덕분이라고 말이다.

또한, 적벽대전에서 승리할 수 있었던 것은

하늘에 제사를 지내

동남풍을 불러온 제갈량의 특별한 능력 덕분이라고 했다.

하지만 제갈량의 진짜 능력은

동남풍을 불러온 게 아니라

성공한 사람들은
'큰 그림'을 그릴 줄 알며,
또 그만큼
사소해 보이는 요소 또한
놓치지 않고 챙기는
'반반'의 능력을 지녔다.

바람의 작은 변화까지 놓치지 않았던 '디테일'에 있다.
제갈량은 눈에 보이는 병기와 군사에만
마음을 쓴 것이 아닌
사람의 심리, 자연의 섭리까지 두루 고려한
'반반'의 지혜를 지닌 사람이었다.

반을 버린다고

반을 잃는 게 아니다

인생은 얻는 게 반, 버리는 게 반이다.

'버린다'는 것은 '잃어버린다'는 소극적인 의미가 아니다.

자신의 의지를 통해 적극적으로 내려놓는 것이다.

그래서 버리는 것은 포기나 상실과는 다르다.

새로운 것, 더 나은 것을 얻기 위해

손에 있는 것을 스스로 떠나보내는 것이다.

시골에서 자연과 더불어 느리게 살고 싶다면

먼저 편리하지만 바쁜 도시 생활을 버려야 한다.
사막의 극한을 경험하고 싶다면
편안하고 쾌적한 리조트 여행을 버려야 한다.
중요한 건 무엇을 얻기 위해
어떤 걸 버리느냐이다.

원래 인생 자체가 얻고 잃는 것의 반복이다.
얻는 게 있으면 잃는 게 있고,
잃는 게 있으면 얻는 게 있기에
절대적인 얻음도,
절대적인 버림도 없다.
그러나 본질적이거나 철학적인 차원에서 보면
인생이란 잃는 쪽으로 가는 게 맞다.

살아 있을 때 얻은 것들을
죽음과 함께 놓아버리기 때문이다.
그래서 우리는 한 살 한 살 나이를 먹으며
'반'을 버릴 수 있는 방법을
배워가야 한다.

반을 버려야 나머지 반을 얻는다는

'반의 지혜'를 알아야

비로소 가벼운 마음으로 살아갈 수 있다.

하지만 우리는 대부분 버리는 법을

배우려 하지 않는다.

버리기보단 얻는 법을 배우기 바쁘고

비우는 법보단 채우는 법을 배우기 급하다.

그러면 인생이 좀 더

완벽해질 거라고 생각하기 때문이다.

하지만 버리지 않고 얻으려고만 하는 건

자신의 인생을 쓰레기통으로 만드는 것과 같다.

왜 내 걸음은 더디고 힘들까 의문이 든다면

자신의 양 발목을 한번 살펴보라.

혹시 쓰레기로 가득 찬 주머니가

매달려 있을지도 모른다.

—

한 청년이 현자의 안내를 받아

보석들이 가득 차 있는 신기한 창고에 들어갔다.
그 창고 안에는
오색찬란한 빛을 발하는 아름다운 보석들이
산처럼 쌓여 있었다.

청년은 그 놀라운 광경에 혼이 나갈 지경이었다.
그런데 보석마다 각각 교만, 쾌락, 사랑, 행복 같은
글씨가 새겨져 있었다.
현자가 청년에게 말했다.
"마음에 드는 보석이 있으면 아무거나 가져도 되네."
"정말로요? 그럼 원하는 만큼 다 가져도 되나요?"
"물론이네."
청년은 신이 나서 준비해간 주머니에
보석들을 집어넣기 시작했다.
마음 같아서는 거기 있는 보석들을 다 가져가고 싶었다.
하지만 한정된 크기의 주머니는
금세 보석들로 가득 찼다.
더 이상 넣을 수 없을 정도가 되고 나서야
청년은 아쉬워하며 손을 멈췄다.

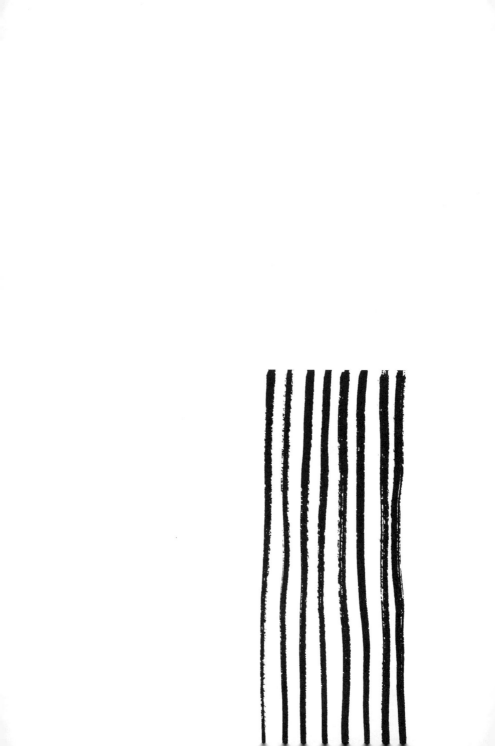

'버린다'는 것은
'잃어버린다'는
소극적인 의미가 아니다.
자신의 의지를 통해
적극적으로
내려놓는 것이다.

이제 이 주머니를 들고 나가면

청년은 큰 부자가 될 수 있었다.

그런데 주머니가 너무 무거워서

들 수조차 없었다.

청년은 현자에게 도와달라고 요청했다.

하지만 현자는 고개를 저으며 이렇게 말했다.

"미안하지만 난 도와줄 수 없네.

주머니를 들고 나가는 일은

오직 자네 혼자 힘으로 해야 하네."

어쩔 수 없었다.

아깝지만 무게를 줄이기 위해선

보석을 조금 버리는 수밖에 없었다.

어깨에 짊어질 수 있을 정도로 무게를 줄였지만,

여전히 무거워서 걸을 수가 없었다.

한 발짝을 걷고 청년은 주저앉아버렸다.

현자가 다시 권했다.

"이 상태로는 집에 갈 수도 없을 걸세.

아무래도 보석을 몇 개 더 버려야 할 것 같네."

청년은 눈물이 날 정도로 아까웠지만
현자의 말을 따를 수밖에 없었다.
주머니를 두 번이나 뒤져서
무게가 많이 나가는 '명예'와 '이익'을 버렸다.
이제 주머니 안엔 '겸손', '정직', '쾌락', '사랑'이라는
보석 네 개만 남았다.
이 정도 무게면 충분히 집까지 가져갈 수 있을 것 같았다.
하지만 얼마 못 가서 보석의 무게에
청년은 다시 주저앉아버렸다.
현자가 말했다.
"지금 자네의 힘으론 보석 네 개를
다 가지고 가기엔 무리인 것 같네."
청년은 땅에 주저앉아 한참을 고민했다.
결국 현자의 조언을 따르기로 하고
'사랑'이라는 글자가 새겨진 보석을 꺼내서 버렸다.
주머니의 무게가 가벼워지면서
청년의 발걸음도 가벼워졌다.
하지만 마지막에 버린 '사랑'이란 보석 때문에
마음은 계속 무거웠다.

아무리
좋은 것이라도
내가 감당할 수 없을 땐
좋은 것이 아니라네.
그럴 땐 과감하게
버려야 하지.

옆에서 같이 걷던 현자가 말했다.

"사랑은 행복과 즐거움을 줄 수 있는 소중한 것이지.

하지만 때로 부담이 될 수도 있다네.

지금의 자네처럼 말이야.

하지만 그것을 감당할 만큼 체력이 회복되면

다시 가서 가져오면 되지 않겠는가?"

다음 날 아침 일찍,

체력을 회복한 청년은 어제 버리고 온

'사랑'이란 보석을 찾으러 갔다.

다행히 보석은 그 자리에 있었다.

'사랑'을 되찾은 청년은 뛸 듯이 기뻐했다.

그때 현자가 갑자기 청년 앞에 나타나서 이렇게 말했다.

"잘했네. 아무리 좋은 것이라도

내가 감당할 수 없을 땐 좋은 것이 아니라네.

그럴 땐 과감하게 버려야 하지.

그걸 우리가 배워야 하는 거라네."

세상엔 좋은 것들이 아주 많다.

하지만 좋은 것이 언제나 좋은 건 아니다.

내가 감당할 수 있을 때에야 좋은 것이다.

아무리 값진 보석도 내 등을 휘게 하고,

내 발을 무겁게 한다면 버려야 할 쓰레기일 뿐이다.

사실 세상이 좋다고 하는 것과

나에게 좋은 것은 다르다.

하지만 우리는 나에게 좋은 것보다

남들이 좋다고 하는 걸 가지려고 한다.

우리가 버리는 법을 모르고,

버릴 줄 모르는 것은

나에게 좋은 것과 남들이 좋다고 하는 걸

구분하지 못하기 때문이다.

반은 얻고 반은 버리고,

반은 기억하고 반은 잊고,

반은 쓰고 반은 남기고,

반은 지혜롭고 반은 어리석어야 한다.

달이 항상 둥글지 않아도 늘 밝고,

비워낼 때 비로소
가벼움의 기쁨을 알고
내게 오는 새로움을
맞이하는 즐거움이 있으니
이것이
나를 지켜주는
'반반'의 행복이다.

꽃이 항상 활짝 피지 않아도 늘 아리따우며
사시사철 봄은 아니지만 늘 꽃이 피듯이
인생은 언제나 기대도 반, 아쉬움도 반이다.

비워낼 때 비로소 가벼움의 기쁨을 알고
내게 오는 새로움을 맞이하는 즐거움이 있으니
이것이 내 삶의 균형추가 되어
나를 지켜주는
'반반'의 행복이다.

옮긴이 **김미경**

부산대학교에서 무역학·중문학을 전공했으며 중앙대학교 국제대학원 한중 통번역학과를 졸업했다.
다년간 기업체 번역 업무를 하고 있으며, 현재는 번역 에이전시 (주)엔터스코리아에서 전문 번역가로
활동하고 있다. 주요 역서로는 《오늘을 사는 용기》 등이 있다.

인생 밸런스

1판 1쇄 발행 2016년 4월 5일
개정판 발행 2018년 6월 28일

지은이 리칭쯔
옮긴이 김미경
발행인 이상규

메이킹 스태프
브랜드 총괄 한상만
기획 안소연
1판 편집 이윤희
개정판 편집 장기영
표지 디자인 제이알컴
본문 그림 및 디자인 고희선

출판 브랜드 **움직이는서재**
주소 06168 서울시 강남구 삼성로 512, 10층
주문 및 문의 전화 (031) 977-5364 | 팩스 (031) 977-5365
독자 의견 및 투고 원고 이메일 goldapple01@naver.com
블로그 http://blog.naver.com/movinglibrary
포스트 http://post.naver.com/movinglibrary

발행처 (주)인터파크
임프린트 **움직이는서재** 출판등록 제2015-000081호

ISBN 979-11-86592-45-8 03190
책값은 뒤표지에 있습니다. 파본은 바꾸어 드립니다.
움직이는서재는 (주)인터파크의 출판 브랜드입니다.